沖繩 OKINAWA

彭大家族自助錦囊

新手篇【暢銷增訂版】

臉書人氣社團告訴你
最熱門、最即時、最深入的沖繩資訊

彭國豪 郭聖馨 / 著

Fall in love
with Okinawa ♥

時報出版

CONTENT
目錄

讓更多人愛上沖繩

我們是彭大和郭妹，都是愛沖繩的人，因為轉交一張網卡而見面。彭大瞭解旅遊資訊，而郭妹懂得美術設計，我們希望把美好的沖繩介紹給大家，於是成立了【彭大家族】沖繩的臉書社團。

關於自助錦囊

由於國人的旅遊習慣漸漸改變，自由行現在已經成為主流，而只需要一個多小時的航程就可以抵達的沖繩，儼然成為自由行首選。有別於以往的旅遊跟團模式，在沖繩旅行可以選擇自駕，為行程增添更多便利性與輕鬆感，能不受限地依照自己的喜好與習慣來安排行程，設計出最適合自己的路線圖與行程表。

許多人第一次的自由行都獻給沖繩，不論是親子遊、長輩遊、閨密遊、兩人甜蜜遊、一個人的旅行，都相當適合。有「彭大家族」做為後盾，能讓第一次安排自由行的朋友，瞭解如何完整規劃並安心出發，讓自由行變得好簡單！我們用新手的角度看待各種疑難雜症，以同理心交換，讓更多人愛上沖繩是「彭大家族」不變的初衷。

關於救援任務

彭大原本就在旅遊業任職，一開始成立社團是起源於舉手之勞，在工作的過程中，順便帶回團友們遺失在旅館中的衣物。隨著社團人數增加，社團的救援任務也開始複雜且困難化，接著郭妹也開始加入救援的行列。

我們的救援任務褒貶參雜，有人覺得不該救援、有人覺得有你真好。該救援與不該救援，常常讓我們陷入兩難之中。最基本的救援任務莫過找回衣服、鞋子、家電用品，甚至電腦等3C用品。也曾經幫助過因為訂房出了狀況，一家子在路邊找不到住宿的朋友，我們當下就幫忙尋找飯店的空房，指引他們快速前往新的住宿地點。

我們也曾經遇過意外事故，有朋友在民宿跌倒受傷、小孩發高燒需要緊急送醫，或是需要特殊醫療的相關需求。我們也都在最快的時間內告訴他們最近的醫院，以及如何找尋可以協助翻譯的朋友幫忙。

關於社團標章

社團人數漸漸變多後，總覺得該有某個東西來讓大家可以識別，所以社團製作了標章貼紙，讓團友在沖繩時可以互相識別，有種認同感跟歸屬感，也可以讓人在異鄉的遊客，知道有這個社團可以尋求協助！

關於愛心捐款

有了標章與貼紙之後，開始有購買上的問題，社團貼紙用購買的模式似乎很奇怪，於是我們想到一種方式：團友可以去便利商店的機器，任意捐款給自己覺得需要支持的慈善機構，我們就贈送一份家族貼紙，郵資 則由我們提供。從2015年10月開始，一直到2019年4月止，透過這個系統，我們一共捐出超過160萬臺幣的款項。另外，我們也長期贊助育幼院的孩童們，不是資助現金，而是採用捐贈水果的方式，來補充小孩們的營養。有很多團友看到我們的援助模式，便跟著捐贈他們家當季採收的水果。這樣一種奇妙的氛圍，在社團中開始蔓延，透過這個系統，彭大和郭妹一共購買了超過新臺幣68萬元的新鮮水果。

協力廠商

接著我們開始有規模地運作社團，得到了各方的支持：租車公司的優惠、美食餐廳的優惠、熱門景點的優惠、民宿飯店的優惠、行李箱組的優惠、潛水活動的優惠等等。我們的社團變得很特別，不再只是一個旅遊社團，而是具備了多功能性，可以當作旅遊資料庫或資源整合中心、也可以當作分享當地優惠券的園地。

關於暢銷增訂版

因為沖繩新航廈的落成、LCC航廈的消失，還有一些航空法規與當地資訊也都持續不斷地更新，所以我們也在2019年更新資訊後出版本書，未來如果有其他更新的資訊，我們也會持續更新，好讓各位新朋友們可以從新手篇更輕鬆地了解當地資訊，讓大家「首沖」更容易！

未完待續……

沖繩彭大家族自助錦囊、沖繩彭大救援家族，讓我們變成沖繩的指標性社團，讓我們在沖繩變成一個互相幫助與救援的社團。未來，也希望大家支持與愛護。

在沖繩，風是涼的，人是微笑的，心是寬的，每一刻、每一處都有驚喜。我們的社團，就跟你知道的沖繩一樣，那麼友善、那麼清澈。

We are all the same, fall in love with Okinawa...

趕快進入主題吧！沖繩有多大？絕對比你想的大更多！沖繩有什麼？絕對比你想的多更多！

第1篇

沖繩介紹

一、沖繩的大小

我們先以臺灣的大小來對比沖繩，分為北臺灣版與南臺灣版，讓你知道沖繩有多大！

同事說：跟澎湖一樣啊，三天兩夜就夠了吧！

左鄰說：啊不就墾丁？幹嘛去這麼多次？！

右舍說：我又不玩水，我想要逛街耶……

朋友說：不是都海邊嗎？很鄉下有什麼好玩的？

沖繩比臺灣小很多，由南到北，像是臺北到苗栗、臺中的距離；沖繩比澎湖大很多，所以三天兩夜絕對玩不完。（那跟墾丁比呢？很抱歉，無法列入比例尺的測量……）

二、沖繩的季節與活動

問：我適合幾月去沖繩？

答：先瞭解自己同行親友的喜好。並參考表格內活動與祭典來做規劃。

問：春夏秋冬，沖繩玩什麼？

答：一年四季都適合去沖繩，每個月都有不一樣的體驗及玩法。

問：我該怎麼準備衣服？

答：沖繩的氣候與溫度與臺灣類似，請依照自己出遊的習慣，以及自己對於冷熱的體感，加減衣物，並請在出發前留意日本氣象廳之天氣預報。

一眼看完沖繩一年四季怎麼玩
排行程，我也是達人！

我知道你想問

月份	一月	二月	三月	四月	五月	六月
最高氣溫	19.5°	19.8°	21.7°	24.1°	26.7°	29.4°
最低氣溫	14.6°	14.8°	16.5°	19.0°	21.8°	24.8°
降雨量	107mm	120mm	161mm	166mm	232mm	247mm
氣候概況與注意事項	是最寒冷的時期，跟臺灣一樣，冬季東北季風強勁。日夜溫差大，但有時中午大太陽時，也會感覺溫暖偏熱。		進入3月份天氣日益變暖，氣候宜人。4月份，沖繩已進入初夏時期，縣內各地紛紛舉行開海活動。但晚上還是比較涼，需要帶一件夾克等外衣。		5月至6月下旬是梅雨季。梅雨結束後，接下來迎來的就是連續高溫多濕的晴天。5月初為日本黃金週(日本的大型連休假日)期間。	
怎麼穿?	由於日夜溫差大，戶外或海邊空曠處風大。且室內都會開放暖氣，建議洋蔥式穿搭。注意保暖及肌膚保濕。			氣候多變的季節，出發前留意氣象廳天氣預報。多雨季節，請備妥雨具及雨天行程備案。		進入炎熱夏季，請注意防曬，多補充水份。
玩什麼?	★賞鯨船 ★一月折扣季	★賞鯨船 ★日本職棒春訓	★賞鯨船 ★杜鵑花季 ★年度家電出清特賣	★全日本最早的花火海炎祭 ★年度家電出清特賣	★百合花季 ★那霸龍舟祭	★繡球花季
	海水浴場關閉			海水浴場開放		
	潛水或浮潛是一年四季皆可參加的活動，海水恆溫，但請衡量自己對於溫度的承受度。					
必吃水果	柑橘(1~2月)、草莓(1~3月)			枇杷(4~6月)，櫻桃(5~7月)，哈密瓜(6~7月)，釋迦、鳳梨、西瓜(6~8月)		
賞花去	★櫻花1月下旬開始，是日本最早的櫻花。(今歸仁城跡、與儀公園、名護城公園、本部八重岳、八重瀨、末吉公園等等)		★杜鵑花(東村)	★百合花(伊江島)	★百合花(伊江島) ★繡球花(瞭平名，5月底至6月中旬)	

資料來源1：平均溫度及降雨量以那霸市為主。
https://www.jnto.go.jp/weather/chc/area_detail.php?area_id=9110

沖繩好好玩 ♥ 沖繩玩不完
一年四季都好玩！

七月	八月	九月	十月	十一月	十二月
31.8°	31.5°	30.4°	27.9°	24.6°	21.2°
26.8°	26.6°	25.5°	23.1°	19.9°	16.3°
141mm	241mm	261mm	153mm	110mm	103mm
是大量遊客來訪的旅遊旺季。大海蔚藍清澈透底，最適合做海洋活動項目，但是，期間日照強烈，防曬霜等是必備之品，偶爾也會遇到暴風雨。		到10月仍是酷暑持續。這段時期，沖繩各地都舉辦各種盛大的慶典活動。到10月中旬為止還能下海玩水。		11月份的氣候穩定，秋色也會慢慢加深。12月份開始進入真正的寒冷季節，白天也需要厚一點的外套。	
夏季炎熱，請注意防曬。7~9月份是颱風最多的季節，要多注意氣象廳信息，並且投保適合自己的旅遊不便險。		為平均一年中最舒適的月份，但日夜溫差開始加大，薄外套必備。		由於日夜溫差大，戶外或海邊空曠處風大。且室內都會開放暖氣，建議洋蔥式穿搭。注意保暖及肌膚保濕。	
★七月折扣季 ★海洋博公園 夏日祭典 花火節	★盂蘭盆節 (農曆7月15日)	★盂蘭盆節 (農曆7月15日)	★大綱挽祭 那霸、系滿	★首里城祭	★那霸馬拉松 ★聖誕節 彩燈夜景
海水浴場開放				海水浴場關閉	

規劃行程時提前預約潛水或浮潛活動，若遇海相不佳，需有改地點或取消的備案及心理準備。

櫻桃(5~7月)，哈密瓜(6~7月)，水蜜桃(8~10月) 釋迦、鳳梨、西瓜(6~8月)，芒果(7~8月)，火龍果(7~9月)	梨子(9~11月)，柿子(10~12月)

let's go to Okinawa !

資料來源2：https://www.okinawatraveler.net/okinawa_event.html
備註1：各祭典或重要活動，每年日期皆有不同，請鎖定各大相關官網活動預告。本表以2017年活動為主。
備註2：以上資訊僅供參考。若有誤植或有最新資訊歡迎更正及新增。
備註3：季節水果以沖繩本島及日本進口為主。參考資料http://www.jpn-okinawa.com/tc/products/fruitsandvege/

默默的愛心

是一個承諾

這是一路走來不曾改變

也不會改變的初衷

請不要忘記我們的約定

點頭　微笑　愛沖繩

跟著彭大去旅行

Fall in LOVE with Okinawa

彭大

沖繩救援家族

Okinawa

用你的愛心，換社團貼紙，帶著好運出發吧！

第 2 篇

機票相關

一、機票選擇（傳統航空 / 廉價航空）

目前台灣有兩家傳統航空公司，中華航空與長榮航空直飛沖繩，分別由台北 / 台中 / 高雄出發。

廉價航空則有臺灣虎航、樂桃航空、香草航空（香草航空營運至2019年10月26日止）三家。

（一）傳統航空（中華航空、長榮航空）：

1. 包含託運行李（30公斤來回）。

2. 機上輕食、飲料。

3. 那霸機場國際線。

4. 可事先上網免費選位，不加價。

5. 行李超重（超過30公斤）需付罰金。

6. 中華航空目前已經開放可以事先加購行李。

7. 依照機型跟載客數的不同，座位大小會有所差異，但普遍都較廉航寬。

（二）廉航（虎航、樂桃航空、香草航空）：

1. 來回託運行李費用需另計，各家航空公司價格與重量件數之規定不同。

2. 機上飲食需另付費，且機上禁帶外食。

3. 選位需加價，依照各座位不同，價位也不同。

機票選擇	航空公司 台灣 ←→ 沖繩			
	傳統航空	廉價航空		
	中華航空 CHINA AIRLINES / EVA AIR 長榮航空	tigerair 台灣虎航	peach	Vanilla Air Creating New Sky Experience.
早鳥優惠	有	無,但有不定時促銷優惠		
托運行李重量	有,一人 30 公斤	無;須加購托運行李重量		
手提行李重量	7 公斤	10 公斤	7 公斤	
手提行李尺寸	56×36×23 公分內	54×38×23 公分內	50×40×25 公分內	55×40×25 公分內
抵達航廈	那霸空港國際線	那霸機場旅客航站大廈 2019 年 3 月 18 日啟用		
適合族群	扶老攜幼的家族旅遊	買很多的血拚族 東西很少的背包客		
機上餐點	有,附機上簡餐、飲品	無,但機上有販售餐點 (禁帶外食)		
票價	平均價格較高	平均價格較低		
颱風	由航空公司安排 更改航班等事宜	需自行重新訂票更改航班, 不退費但會退點數供下次使用		
座位	較寬敞	較小;可加價選位		
嬰兒	每家航空可乘載的嬰兒數量不同,請儘早預定嬰兒機票			

以上資訊由各航空公司官網提供

中華航空
CHINA AIRLINES

傳統航空
早鳥優惠
V.S.
樂桃 3 個月開賣
機票價格比較

peach
樂桃航空

中華航空		peach 樂桃航空
7,000元	票價	4,000元
364天前	購票	90天前
30KG	行李	加購價2,700元/20KG
機上餐	餐飲	150元
180天前 免費選位	選位	190元起 付費選位
申辦信用卡 成為金卡會員	會員禮遇	沒有禮遇
7,000元	總價	7,040元

單位：新台幣

4. 一個人託運行李最多可加購80到100公斤。

5. 座位較小，帶小孩（未滿2歲無座位）或身材體型較大的人，稍嫌擁擠。

　　※以上規定以各航空公司官網為主。

- 三家廉航手提行李尺寸

　　由於廉航的行李重量都是斤斤計較，所以手提行李的重量，當然不能浪費。前頁有各家航空的手提行李規定。

（三）機票選擇問與答：

問：廉價航空沒有比較便宜？

答：廉航不定時會有促銷優惠，需多試算去程及回程的總價，與加購行李後的費用，有時候不一定會比傳統航空便宜。

問：為什麼廉價航空的票價跟傳統航空差不多？

答：早鳥的傳統航空價格通常是6000元上下，如果能夠規劃出整年度的旅遊計畫，便可以買到優惠價格，在國外，自助旅行通常是半年前甚至一年前就開始規劃了。

問：廉價航空好麻煩？

答：傳統航空好比定食套餐，廉航好比自助餐，這樣的形容

便容易理解，兩種航空的差別，一種是幫你選好、組合好、配套好；另一種則必須幾乎自己來，自己對自己負責的概念，附加服務變少了，相對的成本減少，售價也就會跟著降低。簡單來說就是使用者付費的觀念，使用多少設備就需要支付多少的費用。

問：廉價航空會不會臨時取消？

答：會，任何航空公司都有可能因為天候或機械等各種安全考量而取消或更改班機。選擇廉航就必須主動隨機應變。

問：廉價航空取消了，我該怎麼辦？

答：在第一時間，立刻自行更改其他時段航班或其他航空公司航班，以免行程被延誤。由於廉航與傳統航空不同，必須保持主動聯繫與安排。所以購買旅遊不便險在搭乘廉航是一件很重要的事情，可以幫你降低損失。

問：廉價航空如何選擇？

建議選擇航班較多的廉價航空，或是本土出發的航空公司。因為本土的廉價航空基地在臺灣，所以替代的飛機與零件就沒有問題，遇到航班機械故障，或是原定抵達飛機因天候因素滯留在國外，他們可以派遣備用的飛機來替補。如果

是其他國籍的廉價航空，在臺灣沒有飛機基地，飛機壞了就要等下一個航班送零件來維修，甚至只能搭下一班飛機出發，往往下一班飛機都是隔天了。

・建議：

1. 第一次出國、第一次自助旅遊，建議搭乘傳統航空

當遇到突發狀況，傳統航空有地勤人員可以協助。如果是家族旅遊或是人數眾多的團體，也建議搭乘傳統航空，因為廉價航空有時會因機械問題而停飛，這時就會要求你們更改其他航班出發！廉價航空通常一天都只有一個航班或是兩個航班，人數太多有時候不太容易候補得上機位，可能會拆成好幾個梯次，也就是好幾天才能出發！我在2017年家族旅遊時遇上颱風，二十位分成四天才全部回到家。

2. 網路訂機票時可能出現的問題

(1) 關於機票預訂：

有些人可能會遇到一種狀況，就是在刷卡完畢之後，卻沒有取得訂位紀錄。這是因為航空公司一定會先向信用卡公司要求預授權，待預授權成功之後才會開票。不然如果航空公司先開了票，卻發現沒辦法請款，就會成為呆帳，因此他們會先要求拿到預授權的金額。

但要是你手腳比別人慢，訂位失敗了，那航空公司就不

會請款，你的額度就會被卡住，期間約7天至90天不等，等銀行確定這筆授權沒有人請款，才會把額度還給你。

這就是為什麼你刷卡成功，但是訂位失敗的原因。航空公司沒請款，交易等於沒有完成，你沒有取得訂位代號，就是沒有訂票成功的意思。

(2) 關於訂位紀錄：

訂位紀錄分為兩種，一種是傳統航空，一種是廉價航空。傳統航空訂位完畢要開票，訂位紀錄上面就會告訴你最後開票的期限，若是你逾期仍然沒有付款，超過期限就會失效，訂位代號就會被取消，例如：華航跟長榮。

傳統航空起飛前180天就可以選位置，但要注意，有時太便宜的特價票不能選位置。因此建議在48小時前，開放網路報到時就先去選位置。

廉價航空則是在付款完畢後，只會給訂位代號的確認信，例如虎航。

自由行風氣越來越盛行，大家也開始有早鳥預訂的概念。但大家常常上網訂早鳥票，卻可能沒發現航空公司一年通常都有兩次的航班大異動，分別是夏季航班調整（大約是4月）以及冬季航班調整（大約是11月）。

所以我常常在買完早鳥票後，突然在出國前三個月被航空公司通知，晚班機被改成早班機出發，或者是早班機被改

成晚班機出發。

　　因為這些都是屬於政策或季節性調整（人數、航權或其他原因），也都是在法規內允許的事情。後續的處理結果就是看航空公司評估需要釋出多少善意。這些都是自由行的風險。通常都會發生在高雄或台中出發的班機（因為人數比較少），桃園出發通常都是正常固定航班，人數太多、牽扯太廣的話，比較不會有航班異動。例如長榮航空，夏季有早班機跟晚班機，冬季時段直接取消晚班機則已成常態。

第 3 篇

住宿相關

一、如何挑選住宿：民宿篇

　　與住飯店不同，住民宿會有一種回家的感覺，很多人會說，都出來旅遊度假，就是不想要有回家的感覺啊！但選擇民宿者的想法是：「我想有到朋友家做客的感覺，然後朋友的家很漂亮，你可以當自己家來用。」你會擁有更大、更自在的環境，更好運用的時間。最棒的一點就是不用因睡到自然醒，錯過飯店早餐而感到可惜。如果你也喜歡三五好友或是家人住在同一屋簷下，那包棟民宿會是不錯的選擇。

　　各大訂房網現在也有許多民宿可以預定。目前最大的民宿網是Airbnb，許多人對於這個網站有些不瞭解或偏見，但仔細參閱所有相關說明後，認為該公司之所以能夠做到跨國際，必然有它的優點，尤其是保護房東及房客的條款。

　　以下為個人小小的研究與實際住宿的經驗，整理出一些資訊給大家參考，瞭解之後，再決定要不要使用該網站進行房間預定吧！各種「聽說、好像、上次……」，還不如自己實際研究及體驗後來得更正確。

　　備註：本文為網路資訊、個人實際訂房與住宿經驗。請以實際相關法規（2018年6月15日已實施民宿新法，請選擇

合法登記的業者）與網站規定為主。

（一）什麼是Airbnb？

　　網站成立於2008年8月，公司總部位於美國加利福尼亞州舊金山，讓旅行者可通過網站或手機、發掘和預訂世界各地的各種獨特房源，為近年來「共享經濟」發展的代表之一。（以上資訊來自維基百科）

（二）選擇及訂房的步驟

1. 輸入沖繩（或指定區域，例如：那霸、恩納等），建議用地圖模式來搜尋你想要的區域。

2. 輸入日期及人數（必須誠實申報）。

3. 不要馬上付款，請務必確定好入住日期及人數，因為這跟一般訂房網的概念不一樣，並非每一間的房源都可以免費取消或是修改日期及人數，並且取消都會產生網站的手續費，這一點要特別留意，所以建議在確認行程不會再更動後，再進行預定並付款，以免造成損失。

4. 點進房源後，除了看美美的照片外，更重要的是房客的評價，以及該房東的資料及個人評價等。每一個留言都要看，任何語言都要看。發訊息詢問房東你想知道的各種資訊，若不會日文，簡單的英文翻譯即可。多交流，讓房東感受你的誠意，房客擔心遇到壞房東，當然房東

也怕遇到惡房客唷！這一來一往的互動，時常可以分辨出該房東的真實性，可以避免忽然被取消的可能。例如：若太久沒有回應或是回答的感覺奇怪，就算房間再便宜、再漂亮，請立刻放棄這個房源。

5. 預約完畢，隨時留意Email信箱有無收到任何資訊，並持續與房東保持聯繫。

（三）房間選擇小撇步

1. 房間數：依照你的成員分配來決定幾間房間最適合。

2. 樓層：要注意房源位於建築物的哪一個樓層，若與長輩或小孩同行，電梯就是一項必備的條件。

3. 廚房：若是有廚房的房源，可以先詢問房東有無配置廚具及調味料。另外，有些房源的廚具是需另外加價申請，這是使用者付費的概念。

4. 入住及退房：建議選擇自助Check in與Check out的房源，因為若要領取鑰匙，通常會約在其他地點或指定時間，這可能造成行程延誤或壓力。

5. 費用：以Airbnb來說，會出現三個價錢。

    第一：房價，依照人數不同，價錢會有所不同。

    第二：服務費，是該網站收取的手續費，若預定後取消訂房，無法拿回。

    第三：清潔費，各房東收取的金額不一樣，請參照該房

源網站所顯示。

6. 取消或更改：基本上分為彈性、中等、嚴格三種。

彈性：若要獲得全額住宿費用退款，須在入住前24小時取消預訂。

中等：若要獲得住宿費用的全額退款，須在入住日期前5天整取消預訂。

嚴格：必須在預訂後48小時內，或是入住日期前14天整前取消預訂，才能獲得住宿費全額退款。

（更多規定請參照Airbnb官網https://www.airbnb.com.tw）

什麼是自助Check in與Check out

每個房東的方式不同，通常會將房間鑰匙放在房間門口的密碼盒或是信箱內，記得跟房東索取密碼，還有進房的各種注意須知。若是有指定到達時間的房源，請務必在出發前再次確認時間，並且在指定時間前抵達，以免造成無法入住的窘境。

（四）關於評價

入住結束退房後，會收到由官網寄送的評價表，由1～5顆星來給分，還有文字敘述，這時候房東還看不到你寫的評價，這是很公平的規定。寫完評價發送後，你就會看到房東給的評價了。若要編輯評價，可以在發布評價後的48小

時內、或在你的房東或房客發布評價前進行。如果已經超過 48小時，或你的房東、房客已經發布評價，就無法刪除或更改了。如果覺得評價內容不實或誇大，還可撰寫回覆在該評價的下方，所有人都能看到。

二、如何挑選住宿：飯店篇

很多新朋友不太了解訂房的眉眉角角，我們告訴大家一些簡單的基本概念。首先，請先列印以下資料：

①護照影本

②電子機票紙本

③住房憑證

④相關的網路預訂憑證

很多人都覺得不需要準備電子機票，拿護照去報到，記住訂位代號就好。但當你遇到狀況時，航空公司雙手一攤，告訴你找不到訂位記錄，你應該怎麼處理呢？我曾有過一次經驗，那次我搭乘廉價航空，在機場報到要託運行李時，跟我說找不到我購買行李的記錄，找了五分鐘還是告訴我找不到，我就拿出我的紙本給他看，說：「這裡有你們發的購買證明。」五分鐘後，就幫我託運行李了。

很多人也說住房憑證不用印，手機APP就有了。但是當你遇到狀況時，櫃檯人員跟你說查不到記錄，無法讓你入住的話，該怎麼辦呢？我也說個團友遇到的實際案例：到飯店後突然被告知入住要補價差，因為你訂四人房，飯店說人數不對，或是原本訂三間，但是櫃檯記錄只有兩間，你就可以拿出預約單給他看，不用在那邊吵半天。

另外，要提醒大家，日本飯店是用實名制，每一位旅客都需要登記護照才能入住，所以請大家預約的時候，誠實告知真實的入住人數。

（一）訂房時務必確認的規則：

1. 用房間數計算＋人頭數計算。
2. 幾歲以下小孩不占床不用費用。
3. 一個房間最多有幾個小孩不占床不用收費。
4. 總共有幾張床，實際入住人數是多少人。
5. 要注意單人床與雙人床的尺寸大小。
6. 這個專案有沒有包含早餐。
7. 有沒有自有停車場，需不需要預約。
8. 停車場怎麼收費，大型車是否可以停。
9. 必須事先付款，還是可以當地支付。
10. 預定之後，何時可以免費取消，還是不能取消。

11. 最晚幾點要入住，櫃檯是不是24小時有人值班。

12. 行李是否可以寄放櫃檯。

13. 是否可以代收網購的商品。

問：什麼是「用房間計算＋人頭計算」？

答：一間雙人房，兩個人住跟三個人住的費用會不一樣。在很多國家，飯店通常認定一間房就是兩個人，如果一間雙人房是兩個大人加一個小孩，通常都不會加價。但如果是日本的訂房系統，飯店除了算房間，還要再算入住人數，例如：一間雙人房有兩大一小，小朋友會分年紀，18歲以下／12歲以下／8歲以下／6歲以下／2歲以下住宿不占床不收費。詳細的遊戲規則就看飯店怎麼安排了。

問：什麼是不占床不用收費？

答：很多飯店可以讓小孩不占床免費入住，但是在預約的時候就必須告知飯店，通常一個房間兩張床，最多可以免費讓兩個小孩入住。有些甚至規定一個房間只允許一位不占床的小孩入住。所以預約的時候，誠實告知是很重要的。

（二）關於住宿審核：

在日本，飯店入住都要求實名制，預約的是兩大一小，現場就會跟你收三本護照來確認房客身分，請千萬不要少報人數！

然而民宿可能不太一樣，一般民宿會在報到當天向你要求影印護照，有些民宿甚至會在你預約完成時，就要求你將護照拍照回傳給他。這其實表示房東很守法，也更應該放心他不會亂來。相反的，當民宿沒有跟你索取這些資料時，表示民宿老闆比較有彈性，你被「彈性放生」的機率搞不好更高。所以真的不用擔心跟你要護照的房東會洩漏你的個資。

（備註：有些民宿網在註冊時就會要求會員將護照掃描上傳，當時就已經確認過身分了，例如Airbnb）

（三）入住時的擔保：

入住某些飯店時，櫃台會跟你索取押金，因為怕你在飯店消費或甚至破壞飯店的東西後沒錢付款，所以都會先要求一筆押金。

至於押金的模式，可以是現金或是信用卡擔保。信用卡擔保就是將你的信用卡過卡取得授權碼，有時候是過空卡沒有輸入金額，有時候是輸入固定金額（各家飯店機制不一樣），這時候卡片的額度就會被占住7至45天不等，等銀行

確認沒有人來請款，才會把這個扣住的額度還給你。

如果用的是VISA金融卡，因為金融卡使用的是存款額度，因此帳戶會立刻被扣款，直到銀行確認沒有人請款，才會把款項還給你唷！

至於民宿入住人數的審核，因為很多民宿的房東是住在附近的，他會去巡邏看看房客有沒有太吵，順便點名。有些民宿周遭都有裝設監視器，大部分是在出入口處，總之只要是任何不會侵犯客人隱私的地方，都可以用保安理由安裝監視器。千萬不要心存僥倖虛報人數，以前就有團友分享過，有人多帶兩個人入住被罰款，雖然不知道房東怎麼發現的，但由於事實如此，他們當然也只能補付款。

（四）單人床與雙人床尺寸大小的補充說明：

•單人房 Single Room

空間較小，房間內只有一張剛好容納得下你的單人床，適合獨自旅行的旅客，不過並不是每間飯店都有單人房。單人房通常在日本、韓國等地狹人稠的國家較多見，也真的適合一個人住，適合商務旅客小件行李入住。有時候雙開的行李箱無法在房間內開啟，只能開單邊擺放！

•兩小床雙人房 Twin

有時也會簡稱為「雙床間」，顧名思義就是可入住兩

人、且房內會擺放兩張單人床,如果想要和朋友分攤住宿費用,卻又習慣自己睡一張床時就可以選擇此種房型,也不用擔心身旁的旅伴搶你被子或睡姿不良。

・一中床雙人房 Semi-Double

Semi-Double是在日本飯店常見的房型,以單人房型為概念設計的房間卻可接受入住兩人,床鋪尺寸也是介於單人床與雙人床之間,但房間空間較小,身材較高大的旅客睡得較不舒適,且有時房價與雙人房並沒有差多少。

・一大床雙人房 Double

Double與Twin是最常被搞混的房型。Double房型與Twin最大的不同就是房內只有一張大床,可供兩個人一起睡。雖然被譯為是一大床雙人房,但有些訂房網站只會簡單標明為「雙人房」,因此須特別留意房型說明和顯示的房間圖片。

・三人房 Triple

三人房只是告知旅客可以入住三人,大多是由雙床房更改而成的,但並不一定都會擺放三張單人床,有些三人房為一張雙人床與一張單人床,有時候也會在雙人房中間加一張行軍床,或把床墊放地上當成第三張床,也有一些是原本的

沙發拉出來變成沙發床。原本的茶几或是沙發可能被取走，改成床位，所以房間就更小、更擁擠了。旅客在訂房時必須留意房間說明，通常在訂房網站或是飯店房型說明中都會明確標明床鋪尺寸。

・和洋室 Japanese Room

這個在日本才會有，通常會有兩張單人床，然後有一個和室的榻榻米客廳，在晚上的時候，就可以把床鋪攤在客廳的榻榻米上面變成房間，可以睡二到六人不等。

・套房 Suite

基本上可入住兩至三人，並帶有客廳，有些還會附有廚房、餐廳，宛如一個小型家庭，根據等級不同套房也可分為總統套房（Presidential Suite）和皇家套房（Imperial Suite）等。

除了上述幾種基本房型外，根據房間的功能、內部設計水準、面積大小、使用的設備檔次與服務內容的不同，客房類型還有許多不同名稱：標準房（Standard Room）、高級房間（Superior Room）、豪華房間（Deluxe Room）、行政房間（Executive Room）等，標準房通常是一家飯店的「基本款」，隨著房型等級與價格提高，房內的設備與豪華

程度也會提升；如果入住靠近海灘的飯店，房型選擇中也有海景房（Ocean View Room），讓旅客一推開窗就能遠眺無敵海景。

　　如果入住日本傳統旅館，還可選擇睡在和室內，數張榻榻米鋪成的房間，因為沒有床鋪，所以旅館會提供鋪墊與棉被，讓旅客鋪好後直接睡在榻榻米上，通常可入住兩至五人。

　　隨著不斷創新，許多飯店房型名稱也不再流於形式、制式化的命名為XX單人房、雙人房，而是以符合該飯店設計風格為各種房型命名，因此旅客在訂房時，除了以房型名稱區分外，仍需仔細閱讀說明，或向房務人員確認是否符合所需。

從那霸市區到機場國際線

很多人在選擇酒店住宿的時候，擔心隔天早班機回臺灣，都會想要住靠近機場一點。我來做一個簡單介紹：

松山機場到SOGO忠孝店差不多四公里、松山機場到西門町麥當勞差不多七公里，那霸機場到國際通縣廳前差不多五公里，搭計程車差不多是十五分鐘到二十分鐘。

再來大家就會關心，怎麼去機場呢？會不會攔不到計程車呢？只要思考一個問題，你早上七點在西門町或是SOGO門口，會擔心攔不到計程車嗎？我想路上應該超多計程車的吧！

淡季撿便宜

夏天的沖繩，海邊飯店都是「恨天高」的房價！一間雙人房可能要台幣七八千元以上，但是到了淡季（11月至2月）的時候，常常會遇到五星飯店降價促銷，這時候就要把握機會了！

為什麼冬天要去住海邊飯店呢？因為沙灘一樣可以拍照、陽台一樣有無敵海景，而且不要忘記了，五星級的酒店通常都會有「室內溫水游泳池」，這時候就可以滿足家人的需求，老婆大人不想因為大太陽曬黑、寶貝孩子想要去玩水，就可以利用淡季的房價，享受高品質的住房跟玩水的樂趣！

舉例來說，沖繩喜來登聖瑪麗娜度假村，夏天一間雙人房可能要近三萬日圓，但是冬天的時候一間雙人房可能一萬日圓有找，只需要追加一人1500日圓，就可以使用室內溫水游泳池，有沒有很超值呢？

所以夏天有夏天的玩法，冬天也可以有冬天的享受唷！

第 4 篇

入境／抵達
出境／回國

一、機場報到、入境流程

（一）出境介紹（桃園機場出發）

1. 選擇傳統航空的朋友，請於航班起飛前2小時，抵達機場辦理報到手續。
2. 選擇廉價航空的朋友，請於航班起飛前3小時，抵達機場辦理報到手續。

（二）機場報到流程

1. 找到所屬的航空公司櫃檯報到。
2. 護照交給地勤人員（如果有列印訂位記錄更好）。
3. 把要託運的行李交給航空公司。
4. 讓航空公司確認手提行李是否合乎標準。
5. 拿到登機證、行李託運貼紙後，確認你的行李已經通過安檢再離開。
6. 前往出境閘口，進行隨身行李的安檢。
7. 出境移民官蓋章。
8. 前往登機口等候登機。
9. 臺北到沖繩的飛行時間大約70分鐘。
10. 登機前一定要先上洗手間，也特別注意搭乘廉價航空者，請勿攜帶飲料與食物登機，廉價航空通常不允許大家攜帶外食。

（三）日本入境

1. 國際航廈抵達入境

- 起飛後會發放三明治給大家吃！請注意，吃不完、不想吃，請不要帶下飛機，因為裡面有火腿生菜之類，日本入境不能攜帶喔！

- 下飛機後請直衝移民官處護照蓋章，千萬不要停留或去廁所，不然你會被滿滿的人群淹沒，延誤你牽車的時間，當然，如果你的座位在很後面，那就慢慢來吧！

- 證照檢查，需要按壓雙手食指指紋，以及臉部攝影。

- 領完行李，你們就可以填寫海關單的人數，一組一組通過海關到入境大廳找你的租車公司了。

2. 那霸機場官網地圖，請參考連結

https://www.naha-airport.co.jp/zh-hant/spend/map/

　　中華航空、長榮航空、台灣虎航、樂桃航空、香草航空，所有航空公司目前抵達後的航廈與海關都合併為同一個移民海關大廳，簡單來說，海關蓋章的地方都是同一個位置！

切記，下飛機後請直衝海關蓋章，千萬不要停留或去廁所！不然會被滿滿的人群淹沒，延誤牽車的時間。

▲由於海關區無法拍照，我們就從海關後開始記錄吧。

到了行李轉盤旁邊就有洗手間，等待行李的空檔可以去一下。領完行李就可以過海關到出境大廳找你的租車公司了。一進來就會看到許多租車公司的舉牌接機人員。請尋找你的租車公司人員，辦理報到及搭乘接駁車。

▲OTS的接機舉牌人員。

二、入境資料填寫

　　填寫一定要確實，請參考下頁入境記錄表、物品申告書。申告書，一個家庭只需要填寫一份，填寫時僅需填寫一個人的資料作為代表即可。但在入關審查時，一家人必須一起走喔！若非家人一同出遊（如朋友、同學等），無親屬關係則需一人填寫一張。如果不是帶小小孩（需要牽、抱的）或是老人家，建議申告書還是分開寫，以免被海關攔下重寫。

三、沖繩離境＆免稅品申報流程

（一）出境介紹（那霸機場出發）

　　1. 搭乘傳統航空的朋友，請於航班起飛前2小時，抵達機場辦理報到手續。

▲出境大廳。

範例說明：一家四口＝需要寫 4 張入境卡＋ 1 張申告單。一家八口＝兄弟兩個家庭，需要填寫 8 張入境卡＋至少 2 張申告單。

雖然都是一家人，但都已經成家了，所以兄弟倆人不能再填寫同一張申告單。

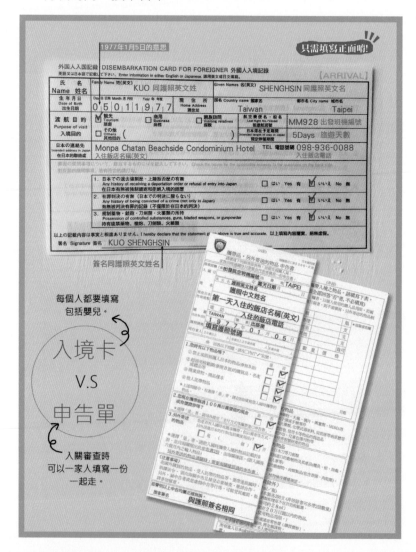

　　2. 搭乘廉價航空的朋友，請於航班起飛前3小時，抵達
機場辦理報到手續。

（二）前往機場的方式

1. **朋友開車送你到機場：**目前新的航廈樓送機都是統一在
　　三樓，朋友可以開車送你到XX號門，中間安全島的送客
　　區，下客後就要立即開車離開。

2. **搭乘單軌前往機場**：單軌電車抵達後，沿著通道，會從二樓直接進入國內線，接著請搭手扶梯或電梯，就可以前往三樓的國際線出境櫃檯辦理登機手續。

3. **搭租車公司的接駁車前往**：目前由於機場剛啟用，OTS租車公司會直接送你抵達三樓的6號門，進入6號門之後，左手邊為國內線航廈大樓，右手邊則為國際線航廈大樓。目前只有OTS的接駁車會停在三樓出境處讓你下車，未來其他車行可能都會跟進，還車時請注意車行的接駁車會送你到一樓還是三樓唷！

（三）那霸機場新國際航廈報到流程（2019年3月啟用）

　　2019年3月18日，那霸機場第三航廈開始啟用了，樂桃、香草航空總算可以離開LCC臨時航廈，來到這個漂亮又寬敞的新航廈樓。

▲沖繩新國際航廈。

　　現在搭機流程變得更簡單了，新的航廈樓連結了國內線、國際線，三棟航廈樓內部變成連通性質的航廈大樓，也就是說，在國內線可以一路走到國際線。

　　所以對於去過沖繩的人來說，可能會覺得有三棟。但是對於第一次去的人來說，你看到的就是那霸機場航廈，面向航廈，可以區分為：

　　左邊→國內航廈（第一棟）

　　右邊→國際航廈（第二棟）

關於航廈內部，一共有四樓，一到三樓是互通的：

一樓：為飛機抵達樓層（入境大廳）

二樓：商店街與國內線、國際線登機檢查口（出境大廳、單軌連通道）

三樓：航空公司報到櫃台（國內線與國際線）

四樓：餐廳（原國內線跟國際線沒連通，需要由三樓再分別上去）

※寄物櫃

原本在國內線就有寄物櫃跟黑貓宅配櫃台可以寄放，現在國際線一樓也有寄物櫃了，而且就連29吋的胖胖箱都可以輕易放入，還有空間可以放包包跟其他物品唷。

1. 如何前往航空公司報到櫃台

那霸機場航廈的三樓，皆為辦理登機報到手續的地方。

▲接著會看到這樣的看板，尋找你的航空公司名稱及航班編號。就可以知道哪個櫃台可以辦理手續，時間也都會秀在看板上。

▲簡單易懂的A、B、C三大區域。寬敞的航廈，大大的綠色指標。絕對不會找不到報到處！

▲樂桃及香草航空皆有磅秤可以先行測量手提及託運行李的重量。

國內線→車道一進入的地方

國際線→緊接著國內線結束後

如果你是來送機的人，請將車輛停靠在外側安全島一般自用車的指定地點，越靠近6號門越方便，下車後就要立刻開走讓其他人停靠唷！下車進入航廈後請往右轉，就是國際線報到櫃台。只要看電視螢幕找尋自己的航空公司櫃檯即可！

▲所有國際線的航班離境都在這邊。

　　如果你説錯位置或是朋友送錯位置，讓你在一樓就下車了怎麼辦呢？你只需要搭手扶梯或是搭乘電梯至三樓即可！

　　另外，中華航空、長榮航空、台灣虎航由於是委託日本航空與全日空航空地勤代為辦理，所以還沒到報到時間，找不到櫃檯是很正常的事情，必須等到起飛時間的兩到三小時前，地勤人員才會變更櫃檯的電腦螢幕，接著拿出人形立牌擺放在櫃台前面。

　　再來就是租車公司了，OTS租車公司的專用送機巴士，是直達航廈三樓報到大廳外面的。其他租車公司不一定是送到三樓報到大廳，部分送到航廈一樓原本的位置下車，部分送到三樓報到大廳，請在還車的時候確認一下自己的下車位置唷！

2. 如何前往二樓的出境大廳

　　在三樓報到完畢之後，搭乘手扶梯或是電梯，就可以看到指引牌，前往出境大廳的隨身行李安檢處唷！

　　如果你有來過沖繩，會知道這跟以往的位置一樣，只是加入了香草航空與樂桃航空。如果你沒有來過，在國際航廈二樓就會看到國際線出發口，也就是離境的大廳。標示牌都

是漢字及英文，很容易找到。

3. 報到流程

(1)飛機起飛前2小時到機場報到。

(2)國際線航廈櫃檯都在三樓，由於台灣的國際航空公司，都是請當地地勤代理辦理報到手續，所以報到櫃台沒有固定的位置。看一下螢幕提示或是瞄一下櫃檯地勤人員的制服，就會找到你要報到的櫃檯了。

(3)前往櫃檯排隊，託運行李與手提行李，航空公司都會在這裡做第一次的重量檢查。報到後不要血拼太多唷，因為在登機閘口做測量還會再做第二次的重量檢查。

(4)領完登機證之後，請找手扶梯往樓下移動，出境隨身行李的位置在二樓。

(5)進入安檢區後，檢查隨身行李，液體類100ml以下或打火機，都必須用夾鏈袋裝起來（二樓櫃檯旁邊小商店有在賣）。

(6)安檢完畢，進入隔壁間的移民官櫃檯，一進去會看到左手邊有一張沒有人坐的桌子，上面有一個立牌，用日文寫著「請將你的免稅單收據放入櫃子裡」，你就把護照裡面的免稅單，小心拆下釘書針之後投放進去，千萬不要把你的護照撕破囉！

(7)最後就是給移民官蓋護照了，蓋完章就去逛免稅

店，還有別忘記，如果你在市區的DFS有預購的免稅品，要記得去提貨喔！

報到完之後，如果太早抵達，二樓的商店街或是四樓的美食街會令你流連忘返，所以務必要讓你的肚子預留空間。

此外，大家喜愛的BicCamera也在機場開分店了！除了現場購買之外，也可以在官網上進行網路預購，然後在那霸機場店取貨！不要看它小小一間，大家想要的商品幾乎都有，電鍋、戴森、相機、耳機、保溫瓶、遊戲機、行李箱等等……真是麻雀雖小五臟俱全，擔心缺貨問題，那就網路先預購吧！別忘了結帳前要出示優惠券，掃條碼還有多7%的優惠，再拿護照辦理退稅唷！

（四）關於樂桃航空的報到流程

1. 抵達三樓後，請先找自助報到機報到。

2. 拿出你的護照和電子機票，讓機器掃描。

3. 如果沒有列印出來，就是用護照＋自己輸入代號（這樣比較麻煩）。

4. 報到完畢之後，報到機就會跑出你的登機證。

5. 拿著登機證，走到櫃檯去託運行李。

6. 後面的流程就跟傳統航空一樣囉。

BicCamera ビックカメラ

彭大家族
專用優惠券

▲ Bic Camera 空港店，位於國際線 2 樓商店街，營業時間從早上 7 點到晚上 8 點，一早搭機的也可以採購家電。

【Bic Camera 優惠券使用方式】
Bic Camera 結帳時，出示優惠券，掃描條碼即可享受 8%＋7% 的購物優惠。

店鋪 2F

國際線 區域

41　42　43　44

YUINICHI St.

往國內線出發口及單軌連通道

國際線出發口（出境）

資料來源 那霸空港官網更多店鋪請看 https://www.naha-airport.co.jp/zh-hant/

四、退稅／打包／整理行李篇

（一）購買免稅品的注意事項

日本的店家如果可以辦退稅，門口就會有免稅店標誌。入內前可以先注意，或是直接詢問店員有沒有Tax free。

（二）免稅品的分類

在商店免稅結帳時，大家常常搞不清退稅的門檻到底是多少，為何有人說5000日圓，有人卻說5400日圓。其實兩個答案只是出發點不一樣，嚴格來說，購買免稅品退稅的門檻是5000日圓，所以購買的金額要達到5400日圓，扣掉8%的退稅之後，才能達到5000日圓的門檻。

如果你只買了5300日圓，當你扣完8%的消費稅，是達不到5000日圓門檻的。

▲報到完畢後，可以去二樓繼續購物血拼，但請注意個人手提行李的重量，不要超過了。

（三）店家退稅

　　以沖繩為例子，區分為直接免稅、辦理退稅兩種型態：

1. 直接免稅：結帳櫃檯直接是免稅櫃檯。以大國藥妝來說，結帳櫃檯分為一般櫃檯跟免稅櫃檯，結帳的時候請你在免稅櫃檯結帳，店員會跟你索取護照辦理免稅。

2. 辦理退稅：結帳櫃檯結帳之後，要前往免稅櫃檯辦理退稅。（大型商場退稅分為店家直接退稅，或是前往服務中心辦理退稅）

◀驚安殿堂優惠券，用手機掃描結帳時出示。

▲國際通驚安殿堂4樓退稅櫃台。

▲驚安殿堂結帳可收集結帳收據貼在這樣的板子上，最後一起退稅。

以驚安殿堂那霸店來舉例，在各樓層買完東西結完帳之後，再去四樓的退稅櫃檯辦理退稅。而在宜野灣店、泡瀨店跟名護店，都在同一個樓層。

在大型商場辦理免稅手續，目前會遇到的問題是，Outlet購物城Ashibinaa有一些在店家就直接免稅；有一些店家則無法免稅，需要直接問店員。

AEON Mall Okinawa Rycom 永旺夢樂城（簡稱沖繩來客夢），退稅模式有點複雜，我分成兩部分來解釋：面對來客夢可以分為兩大小商場，用停車場入口來分割成左右兩部分：左邊是外來進駐的廠商，右邊稱為AEON STYLE（永旺自有品牌或是聯盟廠商）。

左邊的退稅方式有兩種：綠色的TAX FREE，直接在店家裡面辦理退稅；紅色的TAX FREE，需要去一樓全家旁邊的服務中心辦理退稅，不是在Uniqlo對面的旅客服務台唷！

右邊的AEON STYLE，紅色的TAX FREE，可以集中收據前往AEON STYLE，位在二樓超市出口附近的退稅櫃檯，辦理退稅手續。

（四）機場辦理申告退稅流程

很多國家都是在店家拿退稅單，然後前往機場辦理退稅。但是在沖繩不一樣，機場只是繳交退稅單，並沒有辦理退稅！

免稅手續在免稅櫃檯辦理。
有上述藍色POP的店鋪之當天收據可以合算。

出示綠色POP的店鋪有各自的免稅手續。
不可與在其他店鋪購買商品的收據合算。

▲AEON超市的退稅櫃台，結完帳後，帶著收據及所購買的物品與護照，來這樣的櫃台辦理退稅手續。

　　這一點真的要請大家特別注意，在機場過完隨身行李檢查之後，會看到一個塑膠的桶子，就是免稅單投入處，這時候要小心將免稅單撕下來，投入桶內，這樣就完成通報手續了！還是再叮嚀一次：請注意，不要太粗魯的撕破護照，這樣回臺灣就要花錢換護照了。

　　特別注意，根據日本規定，屬於消耗品類的免稅商品，必須使用專用特製透明塑膠袋或紙箱包裝，且在離開日本之前不能拆開使用，購買物品都會有店員協助用免稅專用袋包裝。所以結帳的時候，我都會請店員分開包裝，液體類、固體類，還有大型的我就單獨包裝一個，不然到時候行李箱裝不下就糟糕了。液體類（水、面霜、牙膏，可以塗抹的都算是液體類），一定要託運，固體類還是可以手提上飛機！

要注意，蒟蒻、果凍、布丁、牙膏、乳液、馬油，只要可以用手抹開的東西，都算是液體，一定要託運，不然只好在隨身行李安檢處表演「立食秀」了！

最後提醒大家，有火氣類標示符號者，禁止攜帶手提登機，請檢查包裝外觀四周是否有火氣符號。防蚊類、噴霧式防晒油最容易有標示！

（五）其餘注意事項，請參考連結

https://tax-freeshop.jnto.go.jp/chc/index.php

▲消耗品類的免稅商品需使用特殊包裝。

▲特別注意液體類物品。

▲火氣類標示。

第 5 篇

行程規劃

大概瞭解東南西北之後，就可以著手進行行程規劃囉。沖繩由南到北，就像從臺北到苗栗，九十幾公里的距離聽起來好像不遠，但由於沖繩行車的速限與臺灣不同（高速公路限速80公里，請勿超速），而且高速公路只有一條（沖繩自動車道），貫穿南北的主要省道有一條（58號公路），所以預估的車程時間，建議加上30到60分鐘。更由於旅途中可能發生的各種未知小插曲，例如：迷路、拍照、尿尿或便利商店也可以逛很久之類……請依照你和你同行親友的習慣來決定車程的預估值，寧可抓鬆一點，也不要趕趕趕。

最簡單的方法，請善用Google地圖安排行程。依照你的天數，將地圖分割（如右圖）。由北玩到南，當然也可以由南玩到北。一個區塊大約一到兩天，並可入住該地區周邊。

給第一次到沖繩的朋友行程規劃建議：

將圖中喜歡的景點記錄下來，由北到南，或是由南到北排序，建議一天一到兩個景點，如果住海景飯店，請多留一點時間給飯店，別浪費了無敵海景。排不進去的，放口袋名單，因為沖繩是會一去再去的地方，請相信我！因為還記得郭妹2015年第一次去之前也覺得只會去一次，但近四年來已經去了25次以上，未來還會有很多很多次！所以不用急著填滿每天的時間表，那樣會看不到沖繩的美，享受不到沖繩的好。大方向定出來後，其實就差不多完成了。

今天去哪玩？

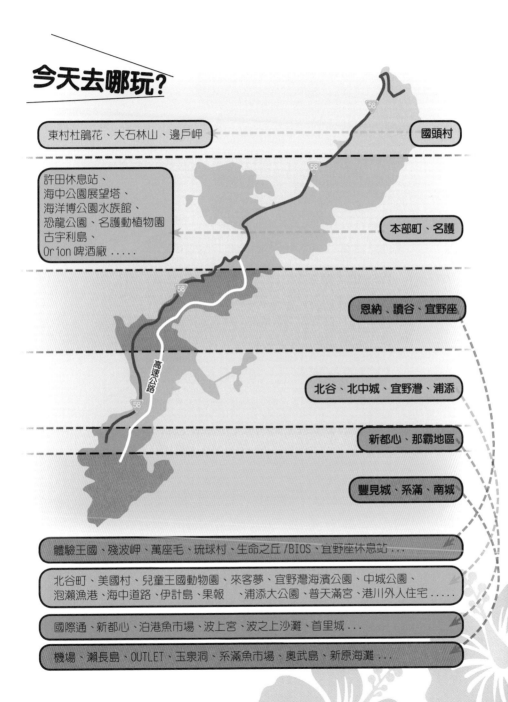

東村杜鵑花、大石林山、邊戶岬 .... 國頭村

許田休息站、
海中公園展望塔、
海洋博公園水族館、
恐龍公園、名護動植物園
古宇利島、
Orion啤酒廠 .....

本部町、名護

恩納、讀谷、宜野座

高速公路

北谷、北中城、宜野灣、浦添

新都心、那霸地區

豐見城、系滿、南城

體驗王國、殘波岬、萬座毛、琉球村、生命之丘/BIOS、宜野座休息站 ...

北谷町、美國村、兒童王國動物園、來客夢、宜野灣海濱公園、中城公園、
泡瀨漁港、海中道路、伊計島、果報　浦添大公園、普天滿宮、港川外人住宅 .....

國際通、新都心、泊港魚市場、波上宮、波之上沙灘、首里城 ...

機場、瀨長島、OUTLET、玉泉洞、系滿魚市場、奧武島、新原海灘 ...

備瀬福木林道 🔍 553 105 654*77

美麗海水族館 🔍 553 075 797*74

八重岳櫻之森公園 🔍 206 859 348

恐龍公園 🔍 206 775 852*34

水果樂園 🔍 206 716 615*65

名護鳳梨園 🔍 206 716 467*85

名護AEON百貨・超市 📞 0980-54-8000

名護自然動植物公園 🔍 206 689 725*11

Orion啤酒廠 🔍 206 598 867*44

許田休息站 🔍 206 476 708*78

海中公園・海中展望塔 🔍 206 442 075*11

瀨底島

- 重要景點
- 自然風景區
- 百貨賣場
- 古蹟
- 魚市場

本部町、名護
各大景點Mapcode

海洋塔 🔍 485 693 485*14

心形岩 🔍 485 662 831*22

今歸仁城跡 🔍 553 081 414*17

古宇利島

古宇利大橋

N

本部町

58

58

名護市

58

往恩納

許田出口

沖繩自動車道(高速公路)

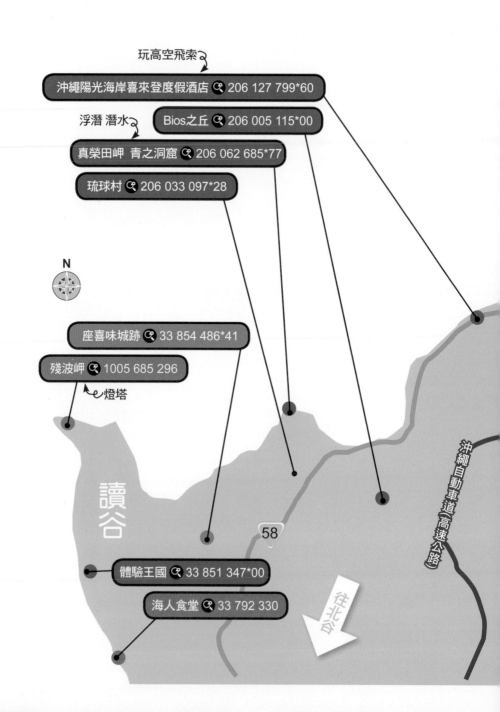

玩高空飛索↷

沖繩陽光海岸喜來登度假酒店 ⊗ 206 127 799*60

Bios之丘 ⊗ 206 005 115*00

浮潛 潛水↷

真榮田岬 青之洞窟 ⊗ 206 062 685*77

琉球村 ⊗ 206 033 097*28

N

座喜味城跡 ⊗ 33 854 486*41

殘波岬 ⊗ 1005 685 296

↳燈塔

讀谷

58

沖繩自動車道(高速公路)

往北谷

體驗王國 ⊗ 33 851 347*00

海人食堂 ⊗ 33 792 330

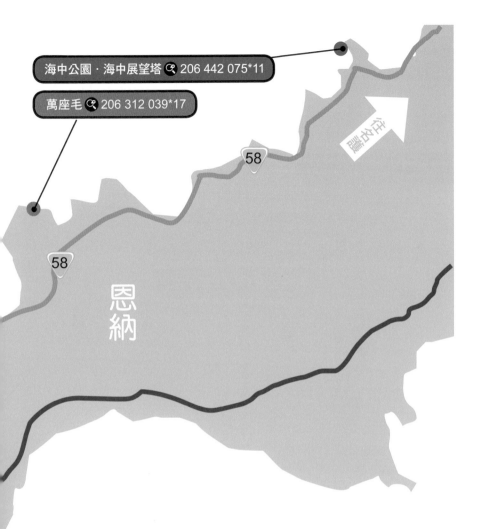

海中公園・海中展望塔 ☎ 206 442 075*11

萬座毛 ☎ 206 312 039*17

名護方向

58

58

恩納

讀谷、恩納
各大景點Mapcode

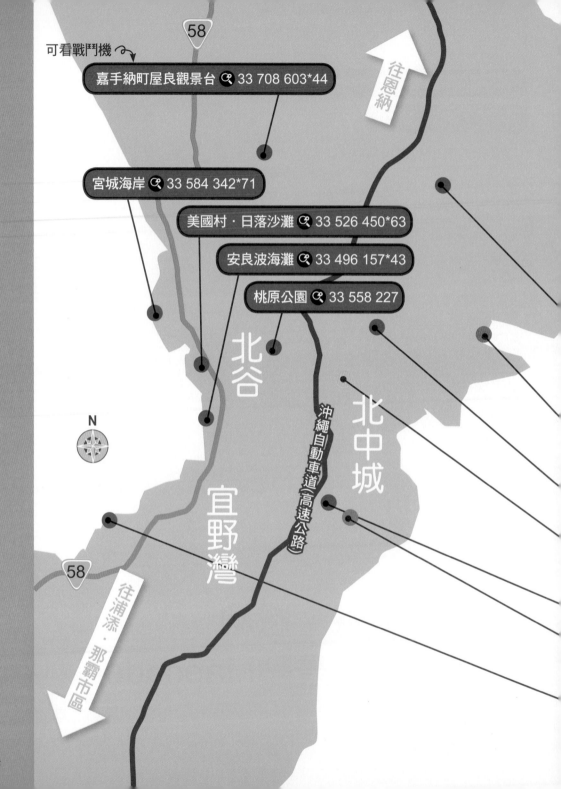

58

可看戰鬥機

嘉手納町屋良觀景台 🔍 33 708 603*44

往恩納

宮城海岸 🔍 33 584 342*71

美國村・日落沙灘 🔍 33 526 450*63

安良波海灘 🔍 33 496 157*43

桃原公園 🔍 33 558 227

北谷

北中城

沖繩自動車道（高速公路）

N

宜野灣

58

往浦添・那霸市區

伊計島

果報崖 🔍 499 674 664*36

勝連城跡 🔍 499 570 238*06

海中道路 🔍 499 576 410

平安座島

濱比嘉島

免費

Minimini Zoo 📞 098-973-4323

泡瀬漁港 🔍 33 565 310

兒童王國ZOO 🔍 33 561 766*72

永旺來客夢 🔍 33 530 406

中城公園 🔍 33 410 668

中城城跡 🔍 33 411 551*34

宜野灣海濱公園 🔍 33 402 329*11

北谷、北中城、宜野灣各大景點 Mapcode

浦添、那霸市區
各大景點Mapcode

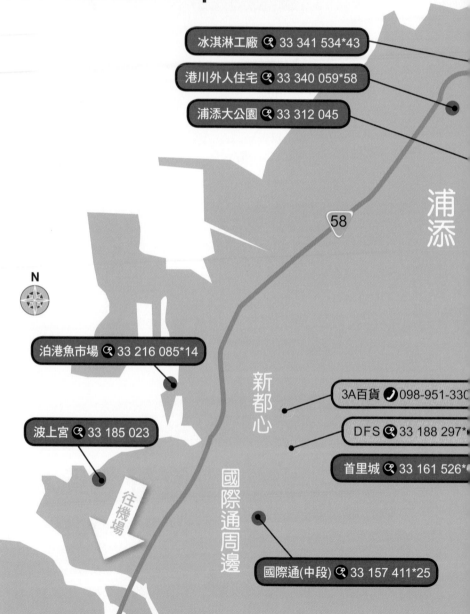

冰淇淋工廠 🔍 33 341 534*43

港川外人住宅 🔍 33 340 059*58

浦添大公園 🔍 33 312 045

58

浦添

N

泊港魚市場 🔍 33 216 085*14

新都心

3A百貨 📞 098-951-330

DFS 🔍 33 188 297*

波上宮 🔍 33 185 023

首里城 🔍 33 161 526*

往機場

國際通周邊

國際通(中段) 🔍 33 157 411*25

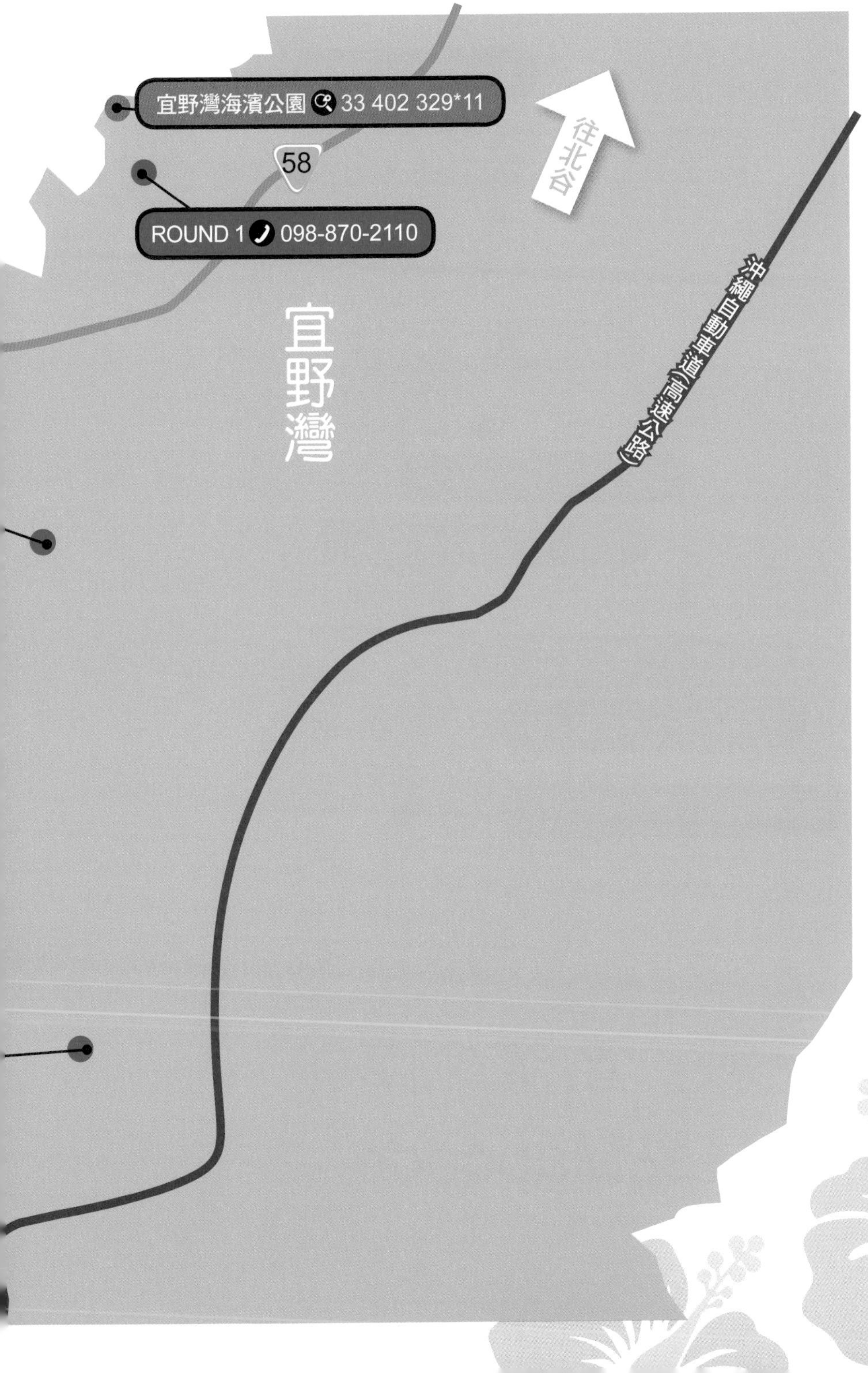

宜野灣海濱公園 🔍 33 402 329*11

58

ROUND 1 📞 098-870-2110

往北谷

宜野灣

沖繩自動車道（高速公路）

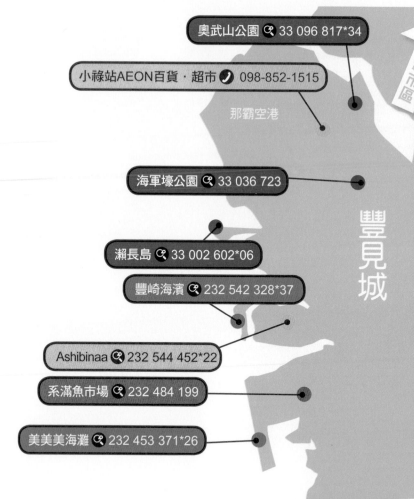

奧武山公園 ② 33 096 817*34

小祿站AEON百貨・超市 ☎ 098-852-1515

那霸空港

往那霸市區

海軍壕公園 ② 33 036 723

豐見城

瀨長島 ② 33 002 602*06

豐崎海濱 ② 232 542 328*37

Ashibinaa ② 232 544 452*22

系滿魚市場 ② 232 484 199

美美美海灘 ② 232 453 371*26

系滿

豐見城、系滿、南城
各大景點Mapcode

首里城 🔍 33 161 526*66

識名園 🔍 33 131 090*28

本部公園 🔍 33 072 271*81

知念岬公園 🔍 232 594 503*30

南城

玉泉洞 🔍 232 495 248*03

奧武島 🔍 232 468 240*25

吃天婦羅

新原海灘 🔍 232 470 604*63

玻璃船

平和祈念公園 🔍 232 342 099*25

N

- 小撇步 1：最後一晚建議住在市區，隔天方便搭機。
- 小撇步 2：每天建議一到二個景點即可，其他可當口袋名單。
- 小撇步 3：避免來回跑浪費車程時間，一定要牢記各景點的順序！

一、那霸機場→北部海洋博公園

因為有很多人一到沖繩會直接衝海洋博公園，所以特別先介紹怎麼前往。有兩條路線：

1. 沖繩自動車道（高速公路會經過收費站）大約97公里，車程約兩小時（趕時間的話，建議走高速公路）。

2. 58號公路（省道，無收費站），距離差不多，但車程大約三個多小時或以上（因為沿途美景容易讓人停留）。

二、那霸市區

（一）單軌玩那霸市區

來沖繩自助的朋友，大部分都是自駕旅行居多，當然也有人是不會開車的，這時候單軌就變得很重要了。那霸市區的交通其實很簡單，若無租車，利用單軌也可以輕鬆玩那霸。Yui-Rail 沖繩單軌電車從那霸空港出發，一共十五個

站，分別為：那霸空港（起站）→赤嶺→小祿→奧武山公園
→壺川→旭橋→縣廳前→美榮橋→牧志→安里→おもろまち
（歌町）→古島→市立病院前→儀保→首里（終點站）。

　　全長大約12.9公里，搭乘一次單趟，時間約27分鐘。
首班車從早上6點開始，末班車是晚上11點半。依照尖峰時
間做調配，大約4到15分鐘一班車，每一個車站都有自己的
專屬音樂，愛搭單軌的你可以注意聆聽唷！

　　各站都有不一樣的逛街點或是美食，你可以依照行程來
規劃購買一日券或二日券，會比單次購買來得划算喔！一日
券為24小時內不限次數搭乘皆有效，二日券則是48小時。

　　一日券成人800日圓，兒童400日圓。

　　二日券成人1400日圓，兒童700日圓。

　　單軌站附近也有許多住宿推薦，選擇方便。你也可以安
排一到兩天入住市區飯店，利用單軌來逛逛以及吃吃喝喝。

1. 單程票：

• 可於售票機購得。

• 限當日搭乘單程一次有效。

• 未滿12歲者車票半價。

• 未滿6歲兒童在一名大人陪同下。最多以兩名兒童為限，
　免費搭乘。

2. 1日券＋2日券：

• 可於售票機購得。

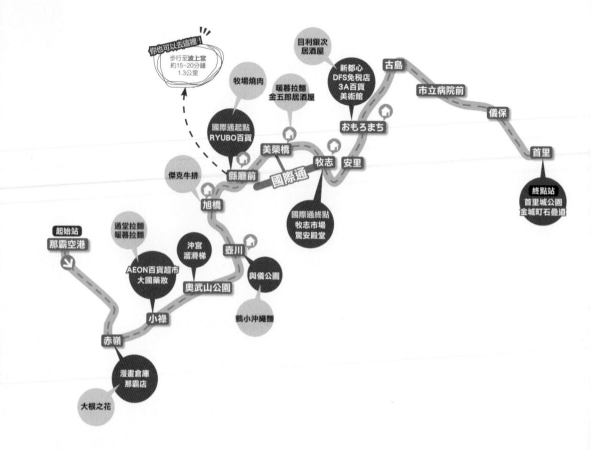

你也可以去這裡！
步行至波上宮
約15~20分鐘
1.3公里

目利銀次
居酒屋

新都心
DFS免稅店
3A百貨
美術館

古島

市立病院前

儀保

首里

牧場燒肉

暖暮拉麵
金五郎居酒屋

おもろまち

國際通起點
RYUBO百貨

美榮橋

牧志

安里

終點站
首里城公園
金城町石疊道

傑克牛排

縣廳前

國際通

旭橋

國際通終點
牧志市場
驚安殿堂

起始站
那霸空港

通堂拉麵
暖暮拉麵

沖宮
溜滑梯

壺川

AEON百貨超市
大國藥妝

奧武山公園

與儀公園

小祿

鶴小沖繩麵

赤嶺

漫畫倉庫
那霸店

大根之花

跟著單軌玩那霸

在那霸市內觀光坐「Yui-Rail」很方便，
沖繩都市單軌電車從那霸機場到首里站之間，首班車6:00到末班車23:30結束，
共連結了15個車站，每隔4.5~15分鐘一班車，各站周邊有許多餐廳美食、景點、商場，
沒有自駕的朋友，可使用無限次數的自由乘車券，
既方便又划算，從購票時間起可利用24小時，
一日自由車券(24小時)：日幣800／大人，日幣400／小孩(未滿12歲)
二日自由車券(48小時)：日幣1400／大人，日幣700／小孩(未滿12歲)

備註
■ QR單程票可於售票機購得。■ 兒童票限未滿12歲兒童使用。
■ 未滿6歲兒童在大人陪同下，最多以2名兒童為限免費搭乘，第3位起將以兒童票計價。
■ QR單程票僅限發售當日、單程1次有效。資料來源 https://www.yui-rail.co.jp/tc/index.html

● 好吃推薦　● 好逛好玩　● 住宿推薦　● 單軌站名

- 購票起24小時（或48小時）內有效。
- 適用於全區間，可不限次數搭乘。

　　票券的購買與搭乘方式，都與臺灣的捷運或是高鐵雷同，你們看到就知道怎麼搭乘了！基本上搭一站是150日圓，搭上兩站是230日圓。簡單説，我在縣廳前上車，新都心下車，一個人是230日圓，兩個人是460日圓，有時候距離近，人數多（兩到三名），我搭計程車可能只需要700日圓，這時候搭計程車更方便，因為單軌站下車還需要走到我想要去的地方，所以大家可以自行斟酌喔！

- 可以參考單軌官網：

  https://www.yui-rail.co.jp/tc/index.html

單軌單程票價　　●成人票價　●兒童票價

資料來源 https://www.yui-rail.co.jp/tc/faretable.html

那霸機場站	150	230	260	260	260	260	300	300	300	300	330	330	330	330
80	赤嶺站	150	230	230	260	260	260	260	300	300	300	300	330	330
120	80	小祿站	150	230	230	260	260	260	260	300	300	300	300	330
130	120	80	奧武山公園站	150	230	230	230	260	260	260	300	300	300	300
130	120	120	80	壺川站	150	230	230	260	260	260	260	300	300	300
130	130	120	120	80	旭橋站	150	230	230	230	230	260	260	300	300
130	130	130	120	120	80	縣廳前站	150	230	230	230	260	260	260	300
150	130	130	120	120	120	80	美榮橋站	150	230	230	260	260	260	300
130	130	130	130	130	120	120	80	牧志站	150	230	230	260	260	260
150	150	130	130	130	120	120	120	80	安里站	150	230	230	260	260
150	150	150	130	130	130	120	120	120	80	おもろまち站	150	230	230	260
170	150	150	150	130	130	130	130	120	120	80	古島站	150	230	230
170	150	150	150	150	130	130	130	120	120	120	80	市立醫院前站	150	230
170	170	170	170	150	150	130	130	130	130	120	120	80	儀保站	150
170	170	170	170	170	150	150	150	130	130	130	120	120	80	首里站

幣單位／日圓

（二）國際通

　　「不要再叫我墾丁大街！」誰說國際通是墾丁大街？1945年以後，國際通從一條平凡的街道，迅速發展成沖繩最繁華的街道。全長大約1.6公里，有各種伴手禮、土產、藥妝店、24小時驚安殿堂、居酒屋等，應有盡有。還有牧志市場二樓有許多海鮮代客料理，在市場通的小巷子裡更有許多好吃、好逛的可以去挖寶。例如：浮島通有許多文創小店及特色小店。壺屋通多為安靜的巷弄，是陶器控必訪的地方。

　　國際通在星期天中午12:00到下午18:00封街，除巡迴巴士可進入外，其餘車輛都不得進入，此時馬路上會有一些街頭藝人表演，有趣又熱鬧。在此時段內，這裡還會舉辦不同的活動或是各地區的表演等。

・購物推薦：

1. 琉保RYUBO百貨

2. 美麗海水族館國際通直營店

3. 御菓子御殿國際通松尾店

4. Fukugiya黑糖年輪蛋糕

5. Hotel JAL City Naha（一樓的COACH包）

6. Calbee+薯條三兄弟分店

7. 唐吉訶德驚安殿堂

8. 大國藥妝店（前前後後已經有五家分店了）

9. 宮古島雪鹽

永旺(AEON)

永旺AEON是一個集團的名稱,旗下有很多相關企業。在那霸市區有百貨跟超市、北谷美國村、小祿站、豐見城、名護,北中城永旺來客夢,是沖繩最大的永旺百貨公司,整個沖繩都有相關的連鎖企業。所以要知道你想去的永旺是在什麼地點,是什麼形式的店,因為開頭都叫做永旺,很容易搞混,不要沒逛到想逛的,更不要重複逛一樣的。

• 永旺超市

超市系列名稱為:MaxValu,最常見的就是這兩家:牧志超市MaxValu Makishi store、若狹超市MaxValu Wakasa store,其他還有很多地方都有其連鎖超市。

• 永旺百貨

類似家樂福、三商百貨,通常一樓是超市,二樓是百貨商場。超市店類似頂好、全聯,以生鮮超市為主。如果你去了小祿店,就不用去美國村的,因為那裡基本上都販賣一樣的商品。

• 名稱說明如下:
購物中心AEON SHOPPING CENTER
AEON 購物中心那霸店(小祿站)
AEON 購物中心北谷店(美國村)
AEON 購物中心名護店(名護)
AEON 購物中心南風原店(系滿)

• 永旺來客夢 okinawarycom

是沖繩最大的購物中心,位於北中城村。永旺來客夢類似台灣的高雄義大世界,有各式各樣的流行服飾跟家電用品,也有生鮮超市、美食街等。

▲95折優惠券,只要在結帳前用手機出示就可以囉!

※註:

1. 永旺的95折優惠券,在永旺百貨體系內的外駐廠商就無法使用,必須是直營的內部體系才能使用唷!不能使用的通常是百貨店鋪內的外掛店家,例如:UNIQLO、百元店、ABC MART之類的。

2. 折扣是折扣,退稅是退稅,折扣是在結帳的時候出示優惠券打折。結帳完畢之後,還是要去服務台辦理退稅唷!

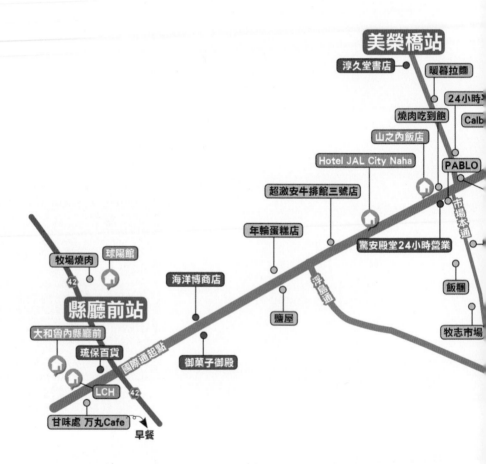

美榮橋站

淳久堂書店

暖暮拉麵

24小時

燒肉吃到飽

Calb

山之內飯店

Hotel JAL City Naha

PABLO

超激安牛排館三號店

市場本通

年輪蛋糕店

牧場燒肉

球陽館

驚安殿堂24小時營業

浮島通

縣廳前站

海洋博商店

飯糰

42

鹽屋

牧志市場

大和魯內縣廳前

琉保百貨

國際通起點

御菓子御殿

LCH

42

甘味處 万丸Cafe

早餐

皇家Orion酒店

牧志飯店

24小時平價牛丼

子屋

海洋飯店

國際通終點

孫皇后飯店

涮鍋吃到飽

牧志站

南西飯店

屋台村

大和魯內牧志站

那霸棕櫚皇家酒店

牛

食堂

櫻坂食堂

凱悅飯店

壺屋通

和通

世豐商店

不要再叫我「墾丁大街」！

國際通相關位置圖

國際通是沖繩縣那霸市縣廳前交差點至安里三叉路之間的一段
長約1.6公里的大街，又稱為「奇跡的一英里」。
是那霸市最繁華的商業街。
除了各式土產、伴手禮、藥妝、百貨外，
許多特色美食都集中在這裡；
在巷弄內，浮島通、壺屋通、平和通、市場本通....
有許多可以挖寶的小店及復古的商店，及多家手作體驗館。
搭單軌從縣廳前站下車，可以一路逛到牧志站；
開車也不用擔心停車問題，周邊相當多收費停車場。

好吃推薦　好逛好玩　住宿推薦　單軌站名

（三）新都心

　　還記得郭妹初訪沖繩的時候，搞不清楚新都心是什麼（糗），它究竟是個商場？建築物？還是一個區域？經過實際走訪後，才知道它好比我們說的西門町或東區，位於單軌「おもろまち」站，這是唯一沒有漢字的站名，俗稱「歌町站」。也因為蓋了San-A Naha Main Place 購物商場，後來臺灣人就習慣稱呼它為3A百貨了，新都心是個機能性相當高的區域，Muji、Sports Depo Ameku Branch、Uniqlo、玩具反斗城、西松屋那霸新都心店、免稅店DFS、大國藥妝新都心店、大型寵物用品店，當然還有我們最愛的超市。美食當然也少不了，目利銀次居酒屋、超好吃的炸雞等，3A百貨內美食街也有很多選擇，逛累了，就隨機享用美食吧！更方便的是DFS租車的取車還車點就在這區，如果你選擇入住附近的飯店，對於取車或還車來說，相當便利。

三、美國村

　　美國村是由回收美軍基地舊址改建而成的商圈，距離那霸市區開車大約30分鐘。那裡模仿美國鄉鎮的街道，周圍集合了眾多有個性的商店與美食餐廳，也有運動場、百貨商圈、美麗的沙灘等。遇到美國的特殊慶典，這裡就會充滿美國味，萬聖節、聖誕節、跨年、新年，都會有不一樣的活

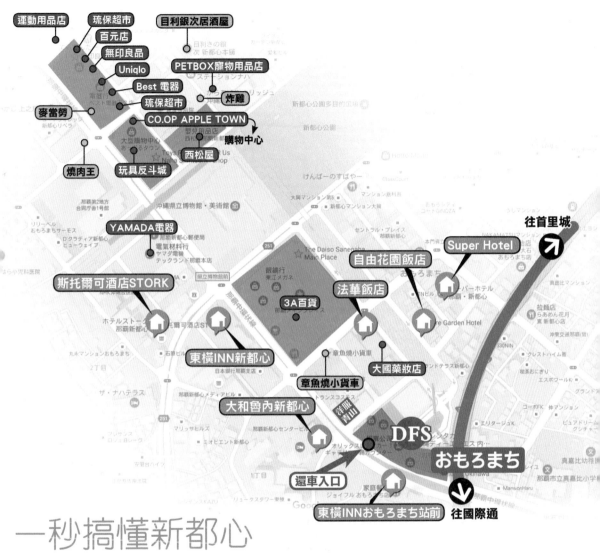

一秒搞懂新都心

我們常說的「**新都心**」是一個區域，就像我們說的西門町或東區的意思。
位於單軌「おもろまち」站，是唯一沒有漢字的站名，俗稱「歌町站」。
有非常多好逛、好吃，還有租車公司的取車還車站，
及多家商業型飯店，是機能性超高的區域。
距離國際通開車僅須約十分鐘，
搭乘單軌僅需兩站即可抵達牧志站。

動。大家從國道58號往中部走，在國道上會看到大大的摩天輪標誌，提醒你美國村到囉！

・美國村有幾個吸引人的地方：

1. 最便宜的大國藥妝店，特價促銷最多。

2. 永旺百貨美國村店。

3. 個性商品的小街道。

4. 最近風行的好吃飯糰分店。

5. 著名的燒肉餐廳與迴轉壽司等。

6. 著名的落日海灘，你可以看著夕陽吃晚餐，或是讓小朋友充分在沙灘上放電。

　　美國村也是一個集中讓你購物跟遊玩的好場所，目前沖繩最大的購物中心，永旺來客夢也在美國村附近，開車大約15分鐘即可抵達。但那裡目前沒有直達的公車，建議大家搭乘計程車前往，車資大約需要1500到2000日圓。

關於沖繩計程車

　　起跳價為550日圓，超過1800公尺起，每跳錶一次為60日圓，以每349公尺計算。在沖繩路旁看到計程車，只要你一舉手，空車的計程車即會停下來。但是請注意，日本的計程車後門是由司機控制的，車子一停，後車門就會被司機打開，請不要嚇到喔！上車後，司機也會主動把門關上，請告訴司機目的地。下車時，司機會依照里程錶計費，付費後，司機會讓車門自動打開。

　　沖繩的計程車在日本算是價位便宜的，彭大在沖繩很愛搭計程車，因為便宜又方便。搭單軌不能直接到達目的地，可能下車之後還要走一段路，再加上可能手提一堆戰利品，會更辛苦喔！舉例說明，當你逛街逛到國際通中間的時候，突然腳痠不想逛街了，這時候你是要走回縣廳前上車，還是要跑去牧志站上車呢？是不是攔了計程車就回家最快！有時候開車去逛國際通，停車費都高過我的計程車錢了，所以在沖繩，計程車是一個不錯的選擇。

往海洋館

嘉手納町

330
兒童王國 ZOO ●

宮城海岸

沖繩自動車道

桃原公園

中部德洲醫院 ●

美國村 ●
● 北谷永旺百貨

北谷町

永旺來客夢 ●

日落沙灘

北中城村

N

330

中城公園 ●

58

宜野灣市

沖繩自動車道

中城城跡 ●

宜野灣海浜公園 ●

中城村

往那霸

330

美國村位於北谷町

往海洋館

Transit Cafe

浜屋沖繩麵

Caracalla彩虹甜甜圈

海濱公寓酒店
Ocean Front Hotel

58

北谷町

宮城海岸

大阪王將

炸雞 北谷店　　3A超市

肯德基

燒肉王

琉球的牛

迴轉壽司

北谷希爾頓飯店

58

美國村

迴轉壽司

飯糰 北谷店

北谷永旺百貨

VESSEL坎帕納船舶酒店

MONPA公寓式酒店

Pet box
寵物用品店

海灘塔酒店

日落沙灘

沖繩本島海濱公寓
Beachside Condominium

往那霸

往安良波海灘

美國村遊樂地圖

四、公共巴士悠遊沖繩

不自駕遊沖繩的族群，要怎麼利用「公共巴士」悠遊沖繩呢？

沖繩本島路線查詢網站

https://www.busnavi-okinawa.com/top/Transit

◀旭橋巴士站外觀。

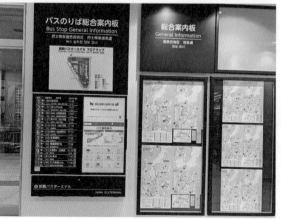

◀搭巴士時可以搭配地圖，看看自己要去的地方，可以搭乘哪些公車前往。

▶每一班公車都有標
出抵達的時間與站
名。

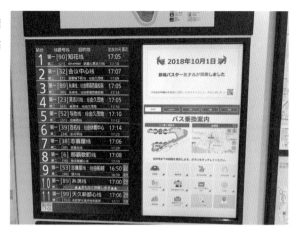

▶也可以用顏色來分
辨車牌號碼，一目
了然。

▶在等待巴士時，可
以在室內休息區等
候。

◀室內休息區與便
利商店相通，想
要吃點東西或補
充水分也十分方
便。

◀搭乘巴士時記得
確認好要去的站
名與候車的位置
編號。

◀巴士搭乘處的動
線規劃十分流
暢。

▶巴士站也有置物
櫃，但要注意不可
放置過夜。

▶從巴士站可以走到
單軌車站，此為單
軌連通道。

▶旭橋巴士總站上面
有新開的商場百貨
「OPA」，二樓有
流行服飾、餐廳、咖
啡廳、日系雜貨、化
妝品、藥妝……等
等，三樓則是大創。
※那霸OPA
　電話：098-996-2108
　營業時間：
　10:00-21:00
　官網：www.opa-
　club.com/naha

沖繩自駕遊

三證件缺一不可

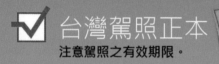

☑ 台灣駕照正本
注意駕照之有效期限。

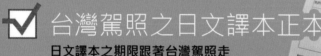

☑ 台灣駕照之日文譯本正本
日文譯本之期限跟著台灣駕照走
若台灣駕照無期限，日文譯本即無期限。

☑ 台灣護照正本

 國際駕照

台灣人在日本開車是不需要國際駕照的唷！
請備妥上面三樣證件正本，
缺一不可。

第 6 篇

自駕須知

一、駕照日文譯本申請辦法

　　要在日本自駕，你當然得先換駕照的日文譯本囉！在各縣市監理所均可辦理。

- **應備證件**
  ①國民身分證正本。
  ②原領之汽車駕駛執照正本。
- **申請日文譯本辦理須知**
  ①辦理規費需新臺幣100元。
  ②處理時限一小時。
  ③受理方式為櫃檯直接受理。
  ④申請方式：親自、委託申辦（如委託他人代辦者，代辦人應攜帶身分證正本以備查驗）。

二、台灣駕照與日文譯本的地址問題

　　某些人可能會發生一種情況：台灣駕照上是舊的戶籍地址，日文譯本上是新的戶籍地址，這是因為搬家後沒有更換駕照，當你在申請譯本的時候，請先更換成新的駕照。

　　如果沒有更換駕照，請主動告知監理站人員，他們會在背面幫你加註新地址。

　　原則上監理站會主動發現這個情況，但萬一漏看了，就會直接列印出新的日文譯本，可能就會發生上述的狀況造成無法租車。

　　所以在這裡建議大家如果是第一次去日本開車，直接申請新駕照以及日文譯本，一次花300元比較實際。

三、取車所需時間

　　常常有人為了何時該取車而傷透腦筋，以下舉例提供參考，例如餐廳排隊的人很多，我們就會認為是好吃的，所以生意才會好。

　　相對的，車行為何這麼多人排隊？就是因為車價、設備或服務肯定有過人之處，所以才會有這麼多人來租車。那要如何避開高峰期呢？

　　以下分為航班來說明：

（一）晚班機抵達沖繩

　　搭乘晚班機抵達，很多人就會掙扎到底要不要租車。先來說晚班機租車的好處：

1. 取車時人少，不用排隊。
2. 路上車少，可以先練車。租車公司通常都在豐見城，晚

上基本上沒甚麼車，可以在這裡兜兩圈再回到飯店，熟悉一下車況。

3. 隔天早上想幾點出門就可以幾點出門。前一天取車完畢，隔天不需要早起整理行李，然後跑去門市跟其他人擠在一起。可能會有人說，晚班機取車，多了一晚停車費，但是如果多付1000日圓（約臺幣300元），隔天不用六點起床、八點出門去搶第一個取車，想幾點出門就幾點出門。

（二）早班機抵達沖繩

　　租車公司當然是越早越少人取車，台灣航空公司抵達的順序如下：

NO. 1 台灣虎航➞沒人跟你搶

NO. 2 長榮航空➞跟虎航、韓國航班搶

NO. 3 中華航空➞跟長榮、韓國航班搶

NO. 4 樂桃航空➞不用搶，大家都走完了

　　通常當你去車行報到之後，搭乘接駁車大約30分鐘會抵達租車公司，排隊聽講解跟付款大約需要30分鐘，交車、驗車，直到開車出發大約需要30分鐘。所以前前後後大約1.5至2小時差不多。

（三）抵達沖繩的隔天才租車

要不要逆向思考，改比較冷門的營業所取車呢？

四、取車注意事項

第一，租車公司都會給使用手冊，裡面有手冊、地圖。地圖很重要，有各景點的Mapcode，還有回程營業所的位置與加油站！請先用筆把你要去的景點標示出來，這是副駕駛很重要的工作！

第二，租車包含免責保險，也就是我們的強制意外險，要注意加保安心險，也就是我們的甲式／乙式保險。各家車行的名稱不一樣（如下列），總之就是要加保。撞到之後，如果車子還可以行走，不用賠錢；如果車況糟糕，無法行走，需負擔部分款項的保險。

OTS　安心保險

TOYOTA　免責補償

ORIX　免責補償

第三，取車時，請檢查車子四周與內部有沒有擦撞傷，有沒有需要學習的操作。要知道油箱蓋在哪裡，怎麼開啟，通常儀錶板、油箱都會提醒你加油蓋在哪一邊！

第四，大家一定都會想放音樂，所以要知道音源線在哪裡，怎麼調整音量，通常線都會放在副駕駛的置物箱裡。

第五，請租車公司指導設定導航，副駕駛最好全程錄影，忘記的時候還可以播放出來看看。接著，自己設定導航一次，我都會先設定海洋博，因為這是最遠的路線。也要自己設定不走高速公路的導航一次，剛剛設定過海洋博，再從歷史記錄叫出，然後再設定一次，選擇不走高速的狀況。

第六，先設定還車的加油站座標，知道回程哪裡加油，設定好，到時候翻找歷史記錄就可以。

第七，要加油的術語。加油站的員工一看到車子，就知道你要來加油（廢話），而且他們看車款大概就猜得出來你的車要加什麼油，90%以上都是要加紅色油槍Regular。但如果你是自助式加油沒有服務人員，年代比較久遠的老式油槍，Regular會是綠色油槍，加油之前還是要先注意英文名稱唷！

第八，設定還車的營業所座標，先設定好營業所，到時候翻找歷史記錄就可以。

第九，請提早一小時還車，讓自己時間充裕一點，出門玩不要讓自己壓力太大，搭飛機／搭船／還車，都是時間與金錢的遊戲，都要預留時間。

五、駕駛注意事項

（一）上車後，智能鑰匙（I KEY）請擺放在方向盤或

儀表板附近，不能離開方向盤太遠，不然系統無法啟動。

　　（二）在我們臺灣車子插鑰匙的地方有個按鈕開關，要啟動車子必須按下按鈕才能啟動，再按一次就是熄火。

　　（三）車子啟動時，無法帶著鑰匙離開車子，發動時無法鎖車門離開。

　　（四）發動的時候，排檔必須放置在P的位置，腳踩煞車（請用力踩到底），然後再按下啟動按鈕。

　　※四種常犯的錯誤：

　　　1. 智能鑰匙放在包包內，距離太遠，感應不到智能鑰匙。

　　　2. 腳剎車沒有踩到底，造成發動失敗。

　　　3. 啟動按鈕蜻蜓點水，點一下還沒啟動就放開了，變成只有電門打開，誤以為發動不了。

　　　4. 排檔桿沒有放在P的位置。

　　（五）要養成習慣踩到底，有時候會發生系統一切正常，但車子無法發動的問題，原因就在於剎車沒有踩到底。這時請關閉電源，放開剎車，再用力踩到底，開啟電源再發動一次就可以。

　　（六）雨刷和方向燈的左右邊與臺灣相反，會失誤很正常，小心慢慢開就好！

　　（七）提供一個轉彎的口訣：「左轉小，右轉大。」慢慢開，有車就跟著前車走，保持安全距離最重要。

▲日本道路請靠左側行駛。

十字路口

容易發生交通事故

對向直行車優先
▶ 請務必先停車。
▶ 確認有無對向來車。
▶ 有對向直行車時不要行駛。

左轉車優先
▶ 在日本以左轉車優先。

行人優先
▶ 請注意是否有行人過馬路。

開車時請多留意並注意安全

當紅燈下方出現綠色箭頭信號燈時，請依照綠色箭頭燈指示行駛，同時也需注意對向來車。

■ 看到以下標誌時，請務必停車確認後再開！

左側標誌會設在沒有紅綠燈的路口，當看到該標誌時，請務必停車確認左右安全後再開。

▲十字路口容易發生交通事故。

禁止酒駕駛後

在日本即使只喝了一滴酒，都是絕對不可以開車的。針對酒駕的取締及罰則則非常嚴格。酒駕萬一發生事故，保險一切都不與理賠！請務必遵守。

OTS RENT-A-CAR

（八）注意紅綠燈，在綠燈下方還有一個小燈，那就是右轉燈號，請按照燈號轉彎。

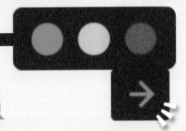

彭大家族 I♥Okinawa 紅綠燈停看聽

小提醒

當綠燈亮起時，可以直行也可以左轉、右轉
但右轉車輛，必須禮讓直行車優先。
當右轉箭頭亮起時，只能右轉而已唷！

旅 遊 小 貼 士 交 通 安 全 篇

彭大家族 I♥Okinawa 紅綠燈停看聽

**綠燈亮起時
可以左右轉跟直行**

當綠燈亮起時，可以直行也可以左轉、右轉
但右轉車輛，必須禮讓直行車優先。
我直行遇到路口要右轉，
對方在我的對向車道，他也要從他的方向右轉，
我要讓對向來車先轉彎，我才能再右轉。

旅 遊 小 貼 士 交 通 安 全 篇

※常見兩種收費式停車場，停車注意事項

• 閘門式停車場

▲進入閘門式停車場，入場時要先取票。

◀取完票後，請妥善保管停車券。

◀要出場時，千圓鈔票在這裡支付。

▲離場時直接將車開到出口閘門處，感應到車子，閘門就會自動打開。

▲離場時直接將車開到出口閘門處，感應到車子，閘門就會自動打開。

導航注意事項

旅遊區景點：建議使用Mapcode。

餐廳與酒店：建議使用電話設定。

手機也可以開Google導航，協助搭配使用。

• 擋板式停車場

◀擋板式停車場。

◀停好車後,擋板升
　起鎖住底盤。

擋板升起鎖住底盤

◀下車後請牢記停車
　位編號。

▶付費停車費的精算機。

▶按下你的停車位號碼數字鍵，再按「精算」會出現停車費用。

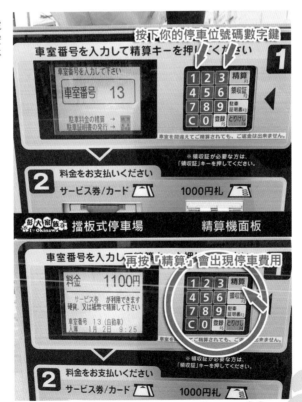

六、車用導航

在日本自駕遊，只要在車子GPS輸入目的地電話號碼，就可以開始導航。但是許多民宿和租借型公寓，業主所留的電話號碼並不是固定電話，而是業主的手機號碼。但手機號碼無法導航喔！

當你設定完導航之後，請確認導航的地圖位置跟你印象中的地點有沒有一樣，通常都會顯示地點名稱，請注意看是否跟你要去的地點名稱一樣。當你輸入錯誤的地點時，通常導航就會帶你到該錯誤地點的鄉鎮市公所！

先簡單說明如何區分日本的手機號碼與固定電話。首先，沖繩的固定電話開頭分兩種。

• 第一種0980區域為北部和離島：

①名護市

②國頭郡（限伊江村、大宜味村、國頭村、今歸仁村、東村、本部町）

③島尻郡（限伊是名村、伊平屋村）

④宮古島市、宮古郡、石垣市、八重山郡

• 第二種098區域為中南部：

①中頭郡

②國頭郡（限恩納村、宜野座村、金武町）

③島尻郡（伊是名村、伊平屋村、北大東村、南大東村除
　外）

④糸滿市、浦添市、宇流麻市、沖繩市、宜野灣市、豐見
　城市、那霸市、南城市

手機號碼為下列號碼開頭的導航是搜尋不到的：070、
080、090，050是IP電話。

導航使用教學

初期設定操作，通常車行交車給你的時候，都幫你設定
好了中文發音、日文介面，大部分的日文都有漢字，你都猜
得出來說什麼。

▲此為導航首頁。

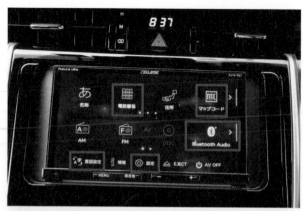

◀此為導航首頁常用選項，
包括電話號碼、地圖碼
（map code）、藍芽、
語言設定（發音）、設
定。

◀此為語言設定的頁面，可
選擇日語、英語、韓語、
普通話及廣東話發音。

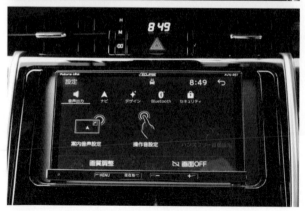

◀音量設定：如果要調整音
量，可以按「設定」。

▶調整音量大小。

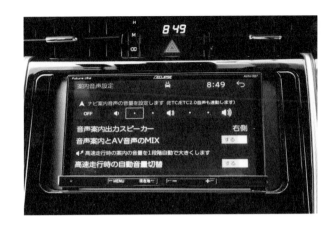

※使用電話號碼設定

▶導航設定：使用「電話號碼」作為導航設定。

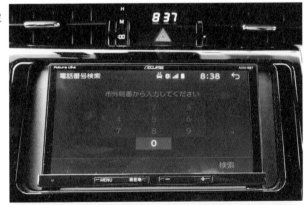

▶輸入號碼，按下「檢索」。

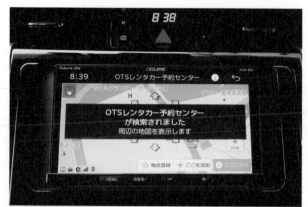

◀找到目的地後，會顯示該目的地周邊地圖。

◀該目的地周邊地圖。請看一下地圖，確認是否跟你事先做功課的位置相同，再確認一次，以免因為設定錯誤而找錯地點。

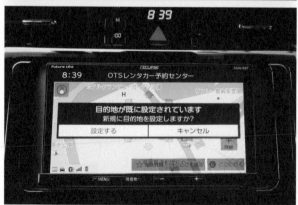

◀確認是否為正確的目的地，正確按「設定する」，錯誤按「キャンセル（取消）」，取消後返回重新輸入。

▶導航如果中斷,就會出現
此頁面。

▶如果輸入錯誤的電話號
碼,就會出現此畫面。

▶如果是出現此畫面,代表
此支電話沒有登記,也就
是商家沒有登記。

◀如果還是按下前往，就會導航到該地區的鄉鎮市公所。

※使用地圖碼MAP CODE設定

◀導航設定：使用「MAP CODE」作為導航設定。

◀輸入地圖碼，按下「檢索」。

▶找到目的地後，會顯示該目的地周邊地圖。

▶該目的地周邊地圖。

▶確認是否為正確的目的地，正確按「設定する」，錯誤按「キャンセル（取消）」，取消後返回重新輸入。

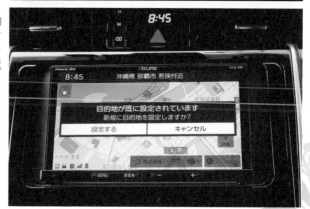

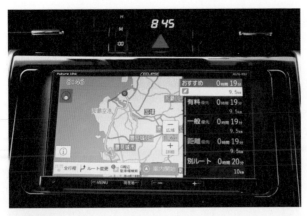

▶設定目的地後，會出現預覽路線。請看一下地圖，確認是否跟你事先做功課的位置相同，再確認一次，以免因為設定錯誤而找錯地點。

※履歷檢索

▶「履歷檢索」可以看到你去過的地方。你也可以利用空檔的時候，設定所有想去的位置，等到要出發的時候再撈出來運用，節省輸入的時間。

※使用藍芽設定

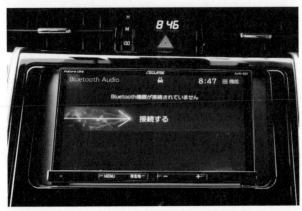

▶連接藍芽：按下主畫面「Bluetooth Audio」，便會開始搜尋藍芽，請同時開啟手機的藍芽功能進行連線，有時會需要較長的時間配對，請多一點耐心等候。

▶若有多台手機需要連線，可按追加，會顯示搜尋到的手機名稱，再進行連線配對。

▶等待手機出現配對號碼按下確認後，此時藍芽就已經連接完成。

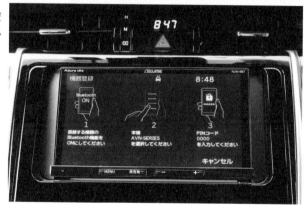

　　輸入電話或是MAP CODE後，請務必確認地圖上顯示的周邊是否為要去的地方，可以參考手機上的Google map作為交叉比對，以免到了目的地才發現輸入錯誤。

　　最後提醒大家：行進間是無法設定導航的，一定要停車、打P檔、拉手剎車，才能夠開始重新設定導航系統！

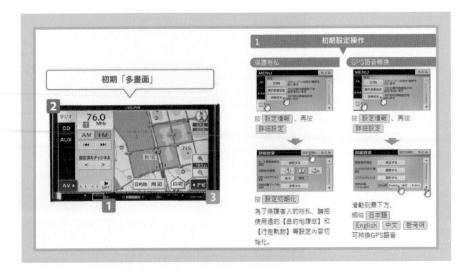

聽音樂

1 號就是收音機、2 號就是CD音響、3 號就是音源線。音源線會在手套箱內，就是副駕駛座的抽屜裡。

驚安の殿堂 ドン.キホーテ Don Quijote

Discount Coupons!
www.donki-global.com

附贈在日本唐吉訶德
可以使用的優惠券

Japan.
Tax-free
Shop

HP Address

※此卡為訪日旅客專用，日本人及在日外國人不能使用。　※優惠券只限免稅對象者（訪日旅客）使用。

※每天可以在一間店舖使用一次。　※使用優惠券時有可能要出示護照。

※購買酒類、香煙、POSA 卡等商品時不能使用。　※不可以與其他優惠併用。

※已蓋印或簽署的優惠券不能使用。

※このカードは外国人観光客専用のため、日本人及び在日の外国人は使えません。　※クーポン券のご利用は、免税対象者（訪日客様）に限ります。※1日1店舗1回のみ利用可能。
※クーポン券のご利用時にパスポートの提示を求める場合がございます。　※お酒、タバコ、POSA カードなど一部ご利用いただけない商品がございます。
※他の割引サービスとの併用不可。　※検印またはサインがあるものは使用出来ません。　※クーポンご利用後は利用日を記載後、検印またはサインをお願い致します。
※カード JAN をスキャン後「支払方法選択」→「販促クーポン」＋金額＋「ようこそクーポン」で値引き処理を行ってください。

Expiration date：5/31/2021　　　有効期限：2021.5/31まで

7130 9000 4884 7510

2,000円OFF (税抜き￥30,000以上で利用)

Available with purchase over
¥30,000
(Excluding Tax)

￥**2,000** 日間 OFF

検 印
検印 または サイン

500円OFF (税抜き￥10,000以上で利用)

Available with purchase over
¥10,000
(Excluding Tax)

￥**500** 日間 OFF

検 印
検印 または サイン

音響設定

　　按下綠色的3號，就會出現上頁的畫面。

　　還有一點很重要，很多人都說導航太早要你們靠左或靠右，這是因為在日本，到了左轉或右轉的路口，就會有左轉道或是右轉道，所以導航都會提早差不多兩百到三百公尺，提醒你要靠邊了。

　　我就用以下這張瀨長島的指引圖解釋，這裡是四線道，左邊是往名嘉地、左二是往糸滿、左三是往糸滿、右邊是往瀨長島。如果沒有提早轉彎，你就會被強迫直走，前往糸滿了。

- 小提醒1：設定的地點在施工，所以衛星定位找不到，都會叫你轉進去瀨長島。

  如果你要到糸滿還車，或是要到Outlet，千萬不要右轉進瀨長島，要往糸滿走才是對的。

- 小提醒2：Mapcode是日本對於地圖進行切塊得到的範圍，如果沒有＊號，一格的範圍就是30m×30m，所以你定位到那個Mapcode，誤差大概最多就是30m。但是如果有＊號，就是原本30m×30m再切100格，每格3m×3m，所以＊號後面才會是兩碼00～99，這時候精確度就可以到3m。

- 小提醒3：

  1. 酒店、餐廳，建議使用電話導航，因為都是小目標。

  2. 景點部分，建議是用Mapcode，因為景點會區分為：大門入口／停車場（1～10個不一定／售票口／辦公室，就像海洋博，就有P1～P9的停車場，還有售票口，所以我會建議用這個才比較方便！）

     ・ 資料參考來源

     OTS官網：https://www.otsinternational.jp/

     otsrentacar/cn/guide/user-info/#sec07

七、關於高速公路收費站

在沖繩有兩條主要的道路，第一條就是大家熟悉的國道58號，國道58號就類似臺灣的省道，從那霸一路可以開到北部去，其中恩納道名護這一段路程，美麗的海岸線會讓你流連忘返！

另外一條就是所謂的高速公路，高速公路需要收費，從那霸西原交流道一直到北部的許田交流道。

收費方式分為兩種：

- 人工收費方式：上高速公路時，請走人工收費車道，入口有抽票機，請抽票！下交流道的時候一樣走人工收費車道，會有收費亭的人員跟你收費，可以付現金也可以刷卡！不過要注意，上下班跟假日的時候，會需要多花一點時間排隊唷！

- 電子收費ETC：目前似乎只有OTS租車公司有租給外國人的服務，TIME'S或ORIX這幾間車行，都還是以租給日本人為主！ETC也有分兩種，如果你南北跑超過兩次以上，我們會推薦你租120小時吃到飽的ETC卡片。如果你只有上下幾次，而且是短程的，就會建議你租計費制的ETC，用多少付多少，租卡片324日圓，這樣就可以快速地通過收費站，因為有時候遇到上下班時間或是假日，排久了也是會滿浪費時間的。

沖繩自動車道 高速料金表

普通車

1020	880	770	680	650	500	410	340	310	200	/	那霸
980	840	730	640	600	460	370	290	270	160	西原 JCT	/
920	790	670	590	550	400	320	240	200	西原	15	180
810	680	560	480	440	290	200	130	北中城	170	240	270
/	/	/	/	/	/	/	喜舍場	120	210	250	280
720	580	460	370	330	180	沖繩南	/	170	270	300	330
630	500	370	290	230	沖繩北	170	/	230	340	390	420
480	330	170	140	石川	200	290	/	370	460	500	540
/	/	/	屋嘉	140	230	320	/	400	490	540	570
330	170	金武	/	170	300	390	/	470	550	600	630
170	宜野座	170	/	300	420	480	/	570	650	700	730
許田	170	310	/	410	520	590	/	670	760	810	840

輕自動車等

中型車

1020	1040	900	800	750	570	470	/	330	200	/	那霸
1150	990	850	750	700	530	420	/	300	170	西原 JCT	/
1190	930	790	680	630	460	330	/	200	西原	190	230
950	790	650	550	500	330	200	/	北中城	260	370	450
/	/	/	/	/	/	/	喜舍場	/	/	/	/
840	680	500	430	330	180	沖繩南	/	230	450	540	610
740	570	400	300	230	沖繩北	250	/	410	590	680	750
500	330	170	140	石川	340	490	/	650	830	920	990
/	/	/	屋嘉	170	410	550	/	720	900	990	1060
330	170	金武	/	230	550	700	/	860	1020	1130	1200
170	宜野座	230	/	460	750	890	/	1060	1240	1330	1390
許田	230	460	/	700	970	1120	/	1280	1460	1550	1620

輕自動車等

資料來源 https://xn--lckwb3h2azcy453aw75btq1aw4b.jp/highway/

八、行車事故處理方法

（一）處理步驟：

1. 打電話報警。

2. 通知租車公司。

3. 等警察做筆錄。

4. 車子可以行駛繼續開。

5. 還車時，提早回去辦理保險出險手續。

6. 被警察判斷不能行駛，請通知道路救援公司，車子將被回收。

7. 重新租車。

　　以彭大我的親身經驗為例，粗心的我曾經一天就來兩次事故，第一次是倒車的時候距離沒抓好，撞到副駕駛座的車門邊！立即啟動保險機制。趕快找到一位路人，指著車子受傷的地方給他看，他就知道你車禍了！把手機交給路人，請他協助打110。

　　在等待警察的時間，我打電話回報OTS租車公司。大約過了十分鐘，警察大人就出現了。然後很快地跟我要了護照正本、臺灣駕照正本、日文譯本正本、保險證書（在車上副駕駛座的手套箱裡），然後問我人事時地物：幾點幾分發生的事情、哪一家車行租的車、報車行了沒有，接著就跟我

説OK，告訴我可以離開了。全程大約20分鐘。

在日本報案不會有三聯單，警察記錄完就會叫你離開了！

上圖這個叫做手套箱，裡面會放行車手冊、保險保單，還有音源線（耳機插座插在手機上面聽音樂的）。

到了下午四點，我要去海灘塔飯店辦事情，悲劇再度發生！我又拿起電話打給OTS，接著我就開始了報警程序，這一次剛好遇到下班時間，大約等了30分鐘，波麗士大人才出現！處理了大約15分鐘，所以我總共花了大約45分鐘搞定。

然後重點來了，警察大人轉頭跟海灘塔的翻譯人員詢問（櫃檯有派一個中文翻譯協助我）：「請問你們有要求賠償嗎？」是的！撞到飯店的柱子，飯店是有權利要求我賠償的！他們回覆並不介意，客人沒事情就好！

雖然我是用比較搞笑的方式來描述，但是也提醒大家，有意外事故千萬不可以離開現場，因為撞壞東西，對方都有權利向你要求賠償。

很多人只想省車價，跑去聯合租車網租車；也有很多人説小心開就好，但很多時候不是自己小心就沒事，別人撞到

租車保險比較表 ♥

	OTS RENT-A-CAR			You's		DTS 沖繩租車		7 TRC	ORIX	NIPPON	Times Car
	安心險	豪華安心險	尊爵安心險	wide補償費用(NCO補償費用)	特別補助費用(二次事故惡償)	安心保	加強保險	安心保	CDW RAP	CDW ECO	Super Safety Package
保險分級	保險分3級			保險分2級		保險分2級		保險分2級	保險分2級	保險分2級	保險分3級
保險建議	X	O	建議尊爵安心險	X	建議特別補助費用	X	建議加購保險	建議加購安心與拖吊險	建議CDW+RAP	建議CDW+ECO	建議第三級
緊急電話 有中文對應服務	有	有	有	有	有	有	有	有	有	有	有
人身意外傷害理賠¥3,000萬 (各家額度可能不一樣)	O	O	O	O	O	O	O	O	O	O	O
單一事故限賠、自付額說明 ¥20,000起(暫時備胎面積) ¥50,000(無法行駛)	免費	免費	免費	免費	免費	自付額	免費	免費	免費	免費	免費
營業之補償金額(NOC)	免費	免費	免費	免費	免費	免費	免費	免費	免費	免費	免費
車門上鎖時的開鎖服務	O	O	O	O	O	O	O	X	O	O	O
電池耗盡時充電服務	O	O	O	O	O	O	O	X	O	O	O
漏氣時打氣服務	O	O	O	O	O	O	O	X	O	O	O
爆胎時備胎更換	上限2萬	O	O	加保：免費 未加保：最少賠償97200日幣起		O	O	X	O	O	O
更換全新備胎 (輪胎損傷無法修復的前提下)	X	上限5萬	無限制	X	X	X	X	X	X	X	X
拖車費用 不在處身需要自行付費	15公里內免費	30公里內免費	無限制	免費	免費		免費	自付額	上限為15萬日幣	免費	X
延後還車	一小時內	一小時內	一小時內	X	X	X	X	X	一小時內	三小時內半價優惠	X
提早還車 可退回部分費用	X	O	O	X	X	X	X	X	X	O	X
二次換車服務 (DTS大樂需要再次加購保險)	強制回收	換車	換車	強制回收	換車	有條件換車	有條件換車	強制回收	強制回收	強制回收	有條件換車
晚班機抵達之 夜間取車服務	夜間取車1080日幣	夜間取車1080日幣	夜間取車1080日幣	X	X	X	X	X	夜間取車依據專案不同	夜間取車依據專案不同	X
車輛發生事故 的移動補償	X	X	上限10萬	X	X	X	X	X	X	X	X
異地還車費用的免除	1080円	1080円	O	X	X	X	X	X	X	X	X
因颱風導致班機取消 租車期間延長免費	X	X	X	X	X	X	X	X	X	X	X

各家車行 備註 特殊事項

- **OTS**：在沖繩北中南部皆設有更換輪胎合作店，距離均在15km範圍內。
- **7 (TRC)**：須年滿26歲以上或有駕照必須滿半年以上資格。
- **NIPPON**：須年滿21歲以上或有駕照必須滿半年以上資格。
- **Times Car**：1.若車輛是停著被撞無法行駛，可免費更換新車一次。 2.若是行駛狀態發生事故，就算肇事責任不在我方，車行將會回收且不換車，但是如果有加保Super Safety Package，可以得到20000日圓的理賠用來再租一台車。
- **You's**：可延後一小時還車，需在營業時間。各家款項費用不同，請依照官網規定。

快快樂樂出門
平平安安回家

範例說明 OTS租車公司發生事故SOP流程表

請留在事故現場連繫租車公司

- ❗ 營業時間內 ➔ 連繫租車公司
- ❗ 營業時間外 ➔ 連繫JAF(道路救援) ➔ 代為連繫租車公司/警察 ➔ 隔天回報租車公司
- ❗ 營業時間外 ➔ 聯繫警察 可以行駛：繼續行駛 / 不能行駛：聯繫JAF ➔ 隔天回報租車公司

1 須向顧客確認事項

☑ **確認是否有傷患**　□ 有人受傷 ➔ 撥打119連繫救護車　　□ 無人受傷

☑ **確認預約內容**　預約編號或車牌號碼

☑ **確認事故內容**
時間（大約＿＿＿＿點）、地點（＿＿＿市＿＿＿設施停車場）
肇事者（我方或對方）、**被害者**（我方或對方）
如何發生（簡述，例：停車倒車時...）、**肇事原因**（例：因後方確認不足，倒車時後方保險桿擦撞到對方車輛前方保險桿）

❗ 有對方的狀態，須事先向保險公司報告

☑ **確認對方資料**　姓名、電話、車牌號碼、保險公司名稱

☑ **確認車損**
□ 可繼續行駛 ➔ 繼續使用至還車　務必提早三十分鐘還車，填寫相關資料
□ 無法繼續行駛 ➔ 連繫JAF道路救援 📞 **#8139** 沒有開漫遊也可以撥打！

☑ **報警處理**
須要報警，警察會有備案紀錄證明在警察局，
日本警察跟台灣不一樣，只會記錄，不會給你報案三聯單，
但車行可向警察局調到報案紀錄，這樣保險才能適用。
疏忽報警程序，保險無法適用下，可能會產生自付金額。

警察抵達現場

&警察向客人確認事項

☑ 確認駕駛
出示駕照正本（本國駕照＋國際駕照）
台灣駕照持有者（本國駕照＋日文翻譯本）
護照、國籍、本國地址、聯絡電話號碼

☑ 確認車輛登錄證
自動車損害賠償責任保險責任證明書（副駕駛座前方收納櫃內）

☑ 確認事故內容
現場記錄，但不會給報案三聯單

☑ 結束事故處理
※請遵照警察指示

聯繫JAF道路救援服務

$聯繫JAF道路救援服務

☑ 營業時間內
搬運至租車公司

☑ 營業時間外
搬運至臨空豐崎營業所或先搬運至住宿地，隔天再搬運至租車公司

ナビダイヤル®

救助電話全國都可以通用、全年全天24小時都可以使用

 **#8139** 請優先使用！沒有開漫遊也可以撥打！  **0570-00-8139**

★撥打救助電話是要收取費用，固定電話撥打10日幣/1分鐘、手機10日幣/20秒。★插卡電話不可使用。★電話費須自行承擔。

★JAF電話為全國性通用，若無法接通或等候接通時間較長，請務必耐心等候。

注意

❶ 若對方為不同租車公司，對方為被害者狀況下可能會被對方索取NOC(營業損失費用)。請勿私下支付費用與對方和解。
❶ 由於其他租車公司，於被害的狀況之下仍會有產生NOC(營業損失費用)的契約。
❶ 這是當事者與該租車公司的契約，客人或本公司皆無支付的義務。
❶ 萬一，支付對方所要求的金額，並不會由本公司或保險公司退費給你。
❶ 擅自與對方私下合解，所支付的費用也不會由本公司或保險公司退費給你。

你，車子有狀況一樣會被回收，你就會沒車子可以開。看完下面的比照表，你就會知道租車重要的是保險機制，而不是車價！

要注意的是二次事故之後，怎麼辦？只有OTS可以免費換車，其他有二次換車的租車公司是有條件換車，請多注意！另外，還要注意電瓶壞了、爆胎、拖吊費用，這些是否都包含了。

（二）報警日語專線：

有傷者：119（叫救護車）

無傷者：110（通知警察）

大部分的車行，在下班時間之後就沒有緊急救援的服務，夜間遇到緊急狀況時，就只能報警後等隔天再回報車行處理。

目前只有OTS有24小時的緊急救援服務：

上班時間：09:00-19:00，由OTS豐崎營業所對應

下班時間：19:00-隔天09:00，由JAF道路救援對應

如果在下班時間發生事故的話，一樣先報警，車子可以行走的狀況下，隔天再回報OTS即可，如果車子不能行走，就要聯繫JAF道路救援處理！

　　如果遇到車子不能行走，而你有買豪華安心保險以上的等級，OTS租車公司會協助你們做換車服務！但是所謂的換車服務，不是他們把車子送到你面前，而是你們要派駕駛去營業所取車，大家不要誤會了換車服務的方式唷！

開車時常見的錯誤

1. 行進間設定導航。
2. I KEY（智慧鑰匙）放在包包，系統感應不到。
3. 手（腳）剎車忘記鬆開就開車。
4. 沒有踩腳剎車就發動，所以引擎沒有啟動。

有關通訊聯絡

1. 建議不要更換Sim卡，保留一支手機可以通訊，方便有狀況的時候，相關單位可以聯繫上你。
2. 可以下載Skype，直接用這個打電話。
3. 如果已經買日本Sim卡，又還沒買Skype點數，或手機沒空間無下載，需要換回自己Sim卡的狀況下，先確認自己有沒有跟電信公司開通漫遊。
4. 其實也可以多帶一支舊手機，裝自己的Sim卡。
5. 日本電話打法，先按+81去第一個0，後面接其他數字。（長按撥號鍵盤上的0，＋號就會出現。）

常用車行營業所電話

・OTS 臨空豐崎營業所，電話：098-856-8877
・JAF 道路救援，電話：0570-00-8139
・ORIX 那霸空港所，電話：098-851-0543
・TRC 那霸空港所，電話：098-856-8926
・Timescar 那霸空港所，電話：098-858-1536
・NIPPON 那霸空港2號營業所，電話：098-859-0505

第7篇

旅遊平安險與不便險

一、旅平險讓你有備無患

出國旅遊買個保險防身,「備而不用」好過「沒得用」!

現在很多保險公司都有推廣旅平卡,線上投保的機制很方便。第一次需書面申請,之後就可以隨時上網購買,不用再人工送件審核,等上個好幾天才能完成投保。

建議大家花一次時間,寫好旅平卡的資料,以後要出國的時候,只需要花個一分鐘,在起飛前完成投保就可以了!

二、當行程延誤,航班被迫取消

遇到天氣因素所造成的延誤,當下能做的就是轉念,並確認自己所在的情境與旅遊不便險的規定:

• 情境一:出國前一天廉航說不飛了,併隔天航班一起飛。

SOP:上網或是找旅行社開原定航班足6個小時後的機票,如果你買的是F公司的保險,在規定保險實支額度內就再買張單程機票繼續行程,保險公司會賠你機票差額,因為原機票可退費。理賠額度通常上限是20000元內。

- 情境二：出國前5小時又59分，收到簡訊說今天不飛了，併隔天航班一起飛。

　　SOP：上網或是找旅行社開原定航班足4到6個小時內的機票，以F公司規定來說，在保險定額的額度內，就再買張單程機票繼續你的行程，F公司會賠你定額。定額制，理賠額度通常上限是4000元。（PS.如果機票是買在6小時後，即可轉實支20000元差額。）

　　上網或是找旅行社開新航班的機票，以C公司為例，在規定保險定額的額度內，就再買張單程機票繼續你的行程。C公司賠你定額，理賠額度通常上限是5000元。

- 情境三：人在國外航班延誤在4到6個小時內。

　　SOP：以F公司定額來說，不趕時間的話，先拿延誤證明，找間咖啡廳坐下來喝杯咖啡。定額制，理賠額度通常上限是4000元；趕時間的話，先拿延誤證明後，找替代交通工具。

- 情境四：人在國外航班延誤超過6小時以上。

　　SOP：有其他替代交通工具的話，先拿證明，改定原定班表6小後的其他交通工具繼續行程，以F公司來說，實支額度內支付扣除新航班的機票差額，如需留宿誤餐也在給付的實支實付範圍內，但消費時間點需在原定班表之後。理

賠額度通常上限是20000元。C公司則沒有此條款。

• 情境五：返國前廉航就說不飛了，併隔天航班一起飛。

　　SOP：上網或是找旅行社開原定航班足6個小時後的機票，符合F公司規定保險實支額度內，就再買張單程機票返回溫暖的家，F公司會賠你機票差額，因為原機票可退費，如需留宿誤餐也在給付的實支實付範圍內，但消費時間點需在原定班表之後。理賠額度上限是20000元。或是找4小時後的機票。轉定額制，理賠額度通常上限是4000元。

　　上網或是找旅行社開新的機票，符合C公司規定保險定額的額度內，就再買張單程機票繼續你的行程，C公司會賠你定額。定額制，理賠額度通常上限是5000元。

　　如需留宿，C公司有實支實付，但消費時間點需在原定班表之後。理賠額度通常上限是15000元內。

• 情境六：國內延誤4小時以上，順著航空公司的安排，在機場等航班。

　　F公司理賠：定額制，理賠額度通常上限是4000元。

　　C公司理賠：定額制，理賠額度通常上限是5000元。

　　以上為模擬2018年1月2日，F公司、C公司的旅遊不便險之組合，如有異動以保險公司條款為主。

・情境七

2018年的夏天，新的問題出現了！舉例說明給大家聽：在週五的時候，台灣發布了颱風警報，預估颱風將會在週日襲擊台灣，下週一颱風就會在台灣跟沖繩之間徘徊，下週二將會壟罩整個沖繩。

在週日的時候，航空公司宣布取消週二的航班，於是大家就開始改飯店、改機位，保險用好用滿！

誰都沒想到，週日開始颱風變弱了，位置也偏移了！更意想不到的是，航空公司宣布原本取消的航班，改為「延後起飛」！這下子新的問題發生了，因為大家都訂好新的飯店不能取消，甚至有人改買了新的機票要回台灣，結果退票也不是，不退票也不是。

所以之後在夏天前往沖繩遇到颱風時，在評估購買機票跟預定住宿的時候，可能要多思考兩下再做決定，因為取消的航班是有可能再次恢復的，請特別留意颱風的相關動態！

・情境八

北海道回那霸遇到暴風雪，延誤三小時起飛，最後接不上東京往那霸的末班機，有兩個方向可以申請理賠：

申請信用卡實支實付：

因為我刷卡買機票，所以我的住宿＋交通＋晚餐費用，可以用信用卡實支實付的方式申請理賠！銀行信用卡實支實付9357元。

申請旅遊平安險的不便險：

申請不便險定額給付，出發前我有購買旅平險（含不便險），所以遇到飛機誤點超過四到六小時以上，就可以申請定額理賠。定額制理賠為5000元。記得索取並保留以下資料：

1. 航班延誤證明
2. 交通費的收據
3. 住宿證明
4. 早中晚餐的收據

保險買好買滿，給自己也給家人一份保障，備而不用，萬一遇到了就很好用！

申請理賠所需文件

必備文件：延誤電子機票、延誤證明4小時起、延誤後再搭乘的登機證或搭機證明、6小時轉實支另需購買金額之證明、留宿（Delay航班原出發時點後入住），住宿證明需有入住人護照名、飯店收據（平臺電子收據）、誤餐（原Delay航班原出發時點後之誤餐）

附　錄

附 錄

一、出國用品清單

請你跟我這樣做 ☑打勾、確認、再確認！張大眼睛準備好！

☐ 行動電源	☐ 網卡	☐ 藍芽喇叭	☐ 防曬用品
☐ 車用手機架	☐ 透明夾鏈袋	☐ WiFi 機	☐ 備用藥品
☐ 車用充電器	☐ 訂房記錄信	☐ 日幣	☐ 摺疊旅行袋
☐ 充電頭＋充電線	☐ 機票確認信	☐ 彭大家族貼紙	

初心者 必備系列

2017夏

☐ 數位相機	☐ 行李秤	☐ 臺灣駕照正本
☐ 防水相機	☐ 延長線	☐ 日文譯本正本
☐ GoPro 攝影機	☐ 手機用自拍棒	☐ 護照
☐ GoPro 專用自拍棒	☐ 彭大家族行李吊牌	☐ 彭大家族磁鐵標章

彭大家族 I ♥ Okinawa

【注意】圖片僅供大方向參考，實際需帶之物品及資料，請依照個人習慣、喜好及行程規劃等做準備。請務必在出發前檢查所有證件之有效期限、電子設備之電源量、機票確認信上之出發日期及所有人員之英文姓名是否正確，訂房記錄上人數及日期是否正確。

製圖／郭妹(郭聖馨) 我愛沖繩♥歡迎分享轉貼，請註明出處！

二、哪裡找寄物櫃

那霸地區：

（一）單軌車站

1. 赤嶺站：只有中型尺寸，28吋以上行李無法放置。

2. 奧武山站：連中型行李箱都放不下喔！

3. 小祿站：有大尺寸，數量不多，僅在站內。

   ※站外可以拿到AEON百貨，一、二樓都有投幣寄物櫃，
   而且取出後錢會退還喔！也有大尺寸（只到28吋行
   李）。

4. 壺川站：只有六個中型尺寸。

5. 旭橋站：有大尺寸，數量不多，僅在站內。

6. 縣廳前站：有大尺寸，站內站外都有，數量是最多的，
   但是非常搶手，通常中午過去已客滿。

7. 牧志站：有大尺寸，站內站外都有，很搶手，通常中午
   過去已客滿。

8. 美榮橋站：有大尺寸，數量不多，僅在站內。

9. おもろまち站（歌町站／新都心）：只有中型尺寸，28
   吋以上無法放。

   ※DFS百貨（T廣場／貴婦精品百貨）也有寄物櫃，有兩
   種尺寸，大型的有兩排，但目測28吋以上無法。

※San-A Naha Main Place（3A百貨）也有寄物櫃，在一樓的電器販賣部以及中央手扶梯旁都有，大尺寸的確定可以放28吋，29吋的不一定喔！

（二）特別推薦

國際通，位於加樂比薯條旁邊有個Information Center（那霸市觀光案內所），有寄物櫃，但推薦寄櫃檯，一個行李500日圓，櫃檯有中文人員，非常親切還會提供觀光資訊喔！寄物時間到19:30。資訊如下：

那霸市觀光案內所

- 地址：900-0013 沖繩縣那霸市牧志3-2-10
- 電話：098-862-1442
- 傳真：098-880-6893
- 營業時間：09：00～20：00
- E-mail ：info@haha-navi.or.jp
- 網站：http://www.naha-navi.or.jp/

（三）Ashibinaa Outlet

寄物櫃太窄，只能放得下25吋以下、瘦的行李箱。Outlet一樓店鋪355，可寄29吋行李，費用一件100日圓。

（四）機場地區

目前國內線與新航廈連結，增加了許多寄物櫃，連「胖胖箱」都放得進去。如果行李比較多，可以搭配國內線的黑貓宅急便寄物處寄放，選擇性更多！

美國村地區：

位於摩天輪旁（星巴克旁、北谷永旺百貨斜對面）有個Information Center，這裡有大型寄物櫃，我2017年3月去寄放的時候，沒有櫃檯人員會講中文，要用英文溝通喔！但如果只是使用寄物櫃的話，也不用特別跟他們說話啦！寄物時間到17:00。

北谷永旺百貨裡面的寄物櫃很小，連25吋都無法喔！

北中城永旺來客夢：

有超級大大的寄物櫃，還有專門冰冷藏的寄物櫃，很強大喔！寄物櫃的位置一般都在廁所旁邊。

玉泉洞：

有大型投幣式寄物櫃，若已滿或放不下，售票處旁事務所可寄放，寄放方式是一次400日圓，寄放沒有時間限制，直至當日營業時間結束（18:00）。

海洋博公園（美麗海水族館）：

入口處有投幣式寄物櫃，可以放得下一個中型加一個手

提行李箱，寄物費一次300日圓。

琉球村：

　　入口處有投幣式寄物櫃，中型一次300日圓，大型一次500日圓。

　　※以上資訊若有錯，歡迎指正。

三、遺失護照怎麼辦

（一）相關辦理程序

　　1. 確定護照真的遺失後，即刻至「警察署」（分局）申辦遺失。盡量不要找「交番」（所謂的交番指的是台灣的派出所）。因為即使跑去交番申請，還是可能會請你去警察署申辦，有的交番不發報案受理編號單。

　　2. 拿報案受理編號單：至警察署申請後，會從會計科拿到報案受理編號單，確認遺失的護照數量及姓名。會計科的櫃檯，辦理時間為週一至週五的9:30-17:30。如果像我有一次在假日遺失，就無法由會計科開立證明，但請務必跟警察拿到報案編號（非常重要），可在上班時間到沖繩縣內任一警察署，或是那霸本部，提供報案編號，申請報案受理編號單。（範本如下頁）

　　3. 拿到沖繩警察署開立的報案受理編號單後，可至臺北駐日經濟文化代表駐那霸分處（以下簡稱駐那霸辦事處）

Regarding the issued "RECEIPT OF LOST ARTICLE (S)" based on the owner's report of loss

1. · Regarding the lost article(s) reported by Mr./Ms. ▓▓▓▓▓▓▓▓
   · We have accepted the Report of Lost Article(s), Reference No. _1926_, on the date of _14_ (day) _10_ (month), _2017_ (year), at the _Urasoe_ Police Station, Okinawa Prefectural Police.

2. We do not make an investigation report regarding this case of the reported lost article(s).
   (Our system in responding to the reported lost article(s) in Japan is to notify the owner only when the article(s) are found. We do not conduct investigation nor search for the lost article(s) based on the owner's report.)

3. The issued "Receipt of Lost Article(s)" does not prove the fact that the owner has lost an article. However, the receipt (containing the reported Time and Date, Reference Number, Name of Owner and the details of Lost Article(s)) shows that the _Urasoe_ Police Station has accepted the "Report of Lost Article(s)" (containing the lost Date, Location and Discriptions, etc.), reported by the owner.
   In addition, regarding the "Report of Lost Article(s)", we ask for your kind understanding that we do not implement services of issuing certifications other than the "Receipt of Lost Article(s)".

4. The details of the reported article(s) from the owner are as follows.
   ① Passport (▓▓▓▓ ▓▓▓ ▓▓▓)
   ②
   ③
   ④
   ⑤

5. The article(s) stated in the "Report of Lost Article(s)" has not been found at this point of _14_(day) _10_ (month), _2017_ (year).

6. If the lost article(s) are found, it can be delivered back to the owner on his/her own expense. Please be reminded that the delivery charge can only be paid by Japanese Currency (Yen) or by Japanese Postal Stamp.
   Therefore, if the lost article(s) were found after the owner returned to his/her country, we are able to deliver the article(s) back to the owner after he/she sends the delivery expenses beforehand.

Accounting Section of the _Urasoe_ Police Station, Okinawa Prefectural Police

辦理「入國證明書」。

外交部駐那霸辦事處

　　館址：日本國沖繩縣那霸市久茂地3-15-9六樓

　　電話：098-8627008（此為日本當地號碼，若從台灣撥打請撥002-81-98-862-7008）

　　傳真：002-8198-8627016（此為日本當地號碼，若從台灣撥打請撥002-81-98-862-7016）

　　e-mail：tecooka@mofa.gov.tw

　　緊急聯絡電話：002-8190-19421107（急難救助電話專供緊急求助之用，如車禍、搶劫、有關生命安危緊急情況等，非急難重大事件，請勿撥打；一般護照、簽證等事項，請於上班時間以辦公室電話查詢。）

　　＊此為日本當地號碼，若從台灣撥打請撥002-81-90-19421107

　　上班時間：週一至週五09：00-12：00、13：00-18：00（週六、日及日本國定假日休館不受理，每年10月10日國慶日休館一日）

　　領護照、簽證、文件驗證受理時間：週一至週五09：00-11：30、13：00-17：00

入 國 證 明 書
ENTRY CERTIFICATE
FOR THE REPUBLIC OF CHINA NATIONALS

外交部領事事務局
BUREAU OF CONSULAR AFFAIRS
MINISTRY OF FOREIGN AFFAIRS

中 文 姓 名 (Chinese Name)	▓▓▓
英 文 姓 名 (English Name)	▓▓ ▓▓
身分證統一編號 (Personal Id. No.)	F2▓▓▓▓▓▓▓

性 別 (Sex)	出生日期 (Date of Birth)	出 生 地 (Place of Birth)
□男M ☑女F	▓▓▓▓▓ (Y) (M) (D)	臺北市

護 照 號 碼 (Passport No.)	發照日期 (Date of Issue)	效期截止日期 (Date of Expiry)
3▓5▓3▓2▓3	2017 08 31 (Y) (M) (D)	2022 08 31 (Y) (M) (D)

上列人士可於西元 __2017__ 年 __10__ 月 __30__ 日前進入臺灣地區。
This is to certify that the above holder can enter **Taiwan**
before __2017__ (Y) OCT. (M) __30__ (D).

發 證 地： 台北駐日經濟文化代表處那霸分處
(Issuing Place)

發 證 人： 吳帝昊 ㊞
(Issuing Officer)   （中英文）

發 證 日 期： 2017 年 10 月 16 日   那霸(106)入字第 034 號
(Date of Issue) 2017 (Y) OCT. (M) 16 (D)

簽發事由(Issuing Grounds)：

1. □ 家戶籍國民因不予核發、依法扣留處或註銷護照。
   An R.O.C. national with registered permanent residence in the Taiwan Area whose passport should not be issued or has been withheld or canceled.

2. ☑ 有戶籍國民遺失護照，不及等候駐外館補發。
   An R.O.C. national with registered permanent residence in the Taiwan Area who has lost an ROC passport and cannot wait for re-issuance.

3. □ 有戶籍船員未持護照出國因特殊原因改搭其他交通工具返國。
   An R.O.C. national with registered permanent residence in the Taiwan Area who work on a ship without an ROC passport and has to return to Taiwan via other means of transportation due to special circumstances.

4. □ 有戶籍國民國護照逾期，不及等候駐外館補發護照有急須返國。
   An R.O.C. national with registered permanent residence in the Taiwan Area whose passport has expired and cannot wait for re-issuance.

5. □ 有戶籍國民所持護照無國民身分證統一編號。
   An R.O.C. national with registered permanent residence in the Taiwan Area whose passport is without ID NO.

6. □ 有戶籍國民因特殊事故須返國。
   An R.O.C. national with registered permanent residence in the Taiwan Area has to return to Taiwan urgently due to special circumstances.

備註(Note)：

1. 返國者應於機場、港口入境時向入出國及移民署國境事務大隊補辦手續，取得「入國許可證副本」後始得憑查驗入國。
   The Entry Certificate holder shall apply for an Entry Permit with the Border Affairs Corps of National Immigration Agency (NIA) at the port of entry in order to enter Taiwan once.

2. 本證一式兩份，一份由申請人持用，一份由駐外館處留查。
   This Certificate is in duplicate, one to be used by the holder and the other to be filed by the R.O.C. Overseas Missions.

感謝團友朱孝誠提供資料

許可證號 10680003062

中華民國臺灣地區入出境許可證
EXIT & ENTRY PERMIT TAIWAN REPUBLIC OF CHINA

注意事項！
1.本證記載如有錯誤，請即申請更正。
2.持證人除依規定經核准延期者外，應於許可在臺停留期限屆滿前離境。
　逾期居停留者，依法得強制出境，並影響居留或再入境權益。

WARNING!
VISITOR TO TAIWAN, R.O.C.
PLEASE TAKE NOTICE:
1.IN CASE OF A FACTUAL ERROR IN THIS PERMIT, PLEASE APPLY FOR CORRECTION.
2.UNLESS AN EXTENTION HAS BEEN GRANTED AS PER APPLICABLE RULES, THE PERMIT
　HOLDER MUST LEAVE TAIWAN BEFORE THE EXPIRY OF THE DURATION OF STAY ON THE PERMIT.
　PERSONS WHO OVERSTAY MAY BE DEPORTED AND DENIED RIGHTS OF RESIDENCY OR
　REENTRY IN THE FUTURE.

附記 Notes	入境查驗 Entry Inspection
入國證明書：遺失護照 戶籍經遷出者，於入國後3個月內，持本證 向原戶籍所在地戶政事務所辦理遷入登記； 未在原戶籍所在地居住者，向現住地戶政事 務所辦理遷入登記 須辦妥有國民身分證統一編號之中華民國護 照始得出境 於效期內得入境一次	ROC CEREMAO OCT 17. 2017 ADMITTED
公務註記 Official Notes	*境查驗
	本證作廢， 應重新申請 本證始得持 憑出境。

許可證類別 Permit Type 入國證明書及入國許可證副本	發證日期 Date of Issue 17 Oct 2017	本證有效期限 Date of Expiry 17 Oct 2017
事由 Purpose 詳附記	姓名 Name	
	護照號碼(大陸地區人民往來臺灣地 區通行證) Passport No.	身分證號 ID No.
	出生日期 Date of Birth	性別 Sex F
	出生地 Place of Birth	許可停留期限 Duration of Stay
	在臺地址 Address in Taiwan 臺北市	

感謝團友朱孝誠提供資料

（二）在辦事處辦理

1. 護照遺失說明書（說明什麼時間／在哪裡／如何遺失的？）

2. 入國證明書申請表

3. 護照領回委託書（如果在沖繩找到護照，辦事處會去領回，作廢寄回臺灣），要提供2張照片6個月內拍攝的照片，照片規格：4.5×3.5cm，白色背景，臉的長度從頭頂到下巴介於3.2～3.6cm，眉眼耳不可被頭髮遮住，不戴眼鏡。如果手邊都沒照片，可以去縣廳前琉寶RYUBO百貨MOS隔壁的照相館拍，等待10分鐘一組四張1000日圓。

4. 繳交照片及填寫文件後，按辦事處通知的領件時間去領「入國證明書」，在沖繩辦理的部分是不收錢的。

5. 去沖繩國際機場的航空公司櫃檯出示入國證明書，即可辦理登機出關等所有事宜。辦事處會幫忙通報航空公司、沖繩機場入出國審查官及臺灣機場入境審查。

6. 回到台灣機場找移民署櫃檯出示「入國證明書」，櫃檯人員會知道你要辦「入國許可副本」，手續費每人台幣400元。上頁的圖是臺灣出入境許可證範本。拿到「入國許可副本」才能去蓋入境章的櫃檯通關。

7. 重新申請護照：帶日本報案的受理編號單、「入國許可

副本」到外交部領事事務局（北中南東各有辦事處）、身分證等可重新申請，但遺失後補發之護照有效期只有5年。（如沒有再遺失，下一次申請會恢復為10年）

＊辦理「入國證明書」至少需要3～4小時，無法配合申請人的班機起飛時間。若當日下午2:00以後申請，建議改訂隔天回台班機。

※附帶一提，如果真的忘記帶駕照譯本，辦事處有現場提供申辦日文譯本的服務。

辦理駕照日文譯本請攜帶：

- 台灣駕照正本（需在有效期限內，過期、破損證件無法受理）
- 台灣護照
- 日幣400圓
- 請駕照持有者於受理時間內至本處填表申請
- 作業時間約需30-40分鐘左右
- 文件申請受理時間：週一至週五09：00-11：30、13：00-17：00（週六、日及日本國定假日休館不受理）
- ＊每年農曆春節、10月10日國慶日休館一日

（三）關於外交部的急難救助

　　大家常常誤會外交部的職責範圍，東西掉了要叫他們找，沒有錢也要叫他們借你，看醫生不會翻譯叫他們幫你翻譯，其實很多事情都不是他們負責的服務範圍，這些都是「自由行的你」需要自己做好的準備。

・旅外國人急難救助實施要點第六條

　　駐外機構於不牴觸當地國法令規章之範圍內，得視實際情況需要，提供遭遇急難之旅外國人下列協助：

　　1. 補發護照或核發入國證明書。

　　2.【代為聯繫】通知家屬、親友或雇主。

　　3.【通知家屬聯繫】保險公司安排醫療、安置、提供返國及理賠等相關事宜。

　　4. 協助重大犯罪案件受害者向當地警察機關報案及轉介當地司法或社福單位協助或保護。

　　5.【提供】當地醫師、醫院、葬儀社、律師、公證人或專業翻譯人員之【參考名單】。

　　6. 應遭外國政府逮捕或拘禁之當事人要求，並經該外國政府同意後，行使領事探視權。

　　7. 提供遭遇天災、事變、戰爭、內亂等不可抗力事件之因應資訊及必要協助。

8. 其他為維護旅外國人生命及人身安全之必要協助。

• 旅外國人急難救助實施要點第七條

　　駐外機構處理急難事件時，除本要點另有規定外，【不提供】下列協助：

1. 金錢或財務方面之濟助。

2. 干涉外國司法或行政決定。

3. 提供涉及司法事件之法律意見、擔任代理人或代為出庭。

4. 代為起訴或上訴；擔任民、刑事案件之傳譯或保證人。

5. 為旅外國人住院作保。但情況危急亟需住院治療否則有生命危險，且確實無法及時聯繫其親友或保險公司處理者不在此限。

6. 代墊或代繳醫療、住院、旅費、罰金、罰鍰、保釋金及律師費等款項。

7. 無關急難與人身安全協助之翻譯、轉信及保管或協尋、代收、轉寄個人物品等。

8. 介入或調解民事、刑事、商業或勞資糾紛。

　　請注意括號內的資訊，請不要當作免費的專線使用，避免資源浪費，也避免耽誤到其他更緊急的意外狀況！

四、緊急醫療

　　以下醫院，基本上溝通都沒有問題，可能有中文翻譯人員，也可利用三方翻譯機、手機翻譯軟體，所以跟醫生互動沒有問題。萬一你跑到其他醫院也沒關係，寫出簡單的單字，醫生大部分都看得懂，例如寫發燒38度、感冒、頭痛、腸胃炎（拉肚子）。外傷就更簡單了，看到傷口就會處理。所以不用緊張，你去的是醫院，即使不講話他們也可以感覺得出來一定是有不舒服，只是要多花一點時間找出病因而已。大部分的醫院都可以刷卡，也不用擔心錢的問題。

　　看完醫生不要忘記索取以下證明，回國後至健保署填具全民健康保險自墊醫療費用核退申請書以申請醫療費用給付：

1. 醫療費用收據正本及費用明細，如為中、英文以外之文件 時，應檢附中文翻譯。
2. 診斷書或證明文件，如為中、英文以外之文件時，應檢附中文翻譯（住院案件者：另檢附出院病歷摘要）。
3. 當次出入境證明文件影本或服務機關出具之證明。

• 健保規定：

　　保險對象如到國外、大陸地區旅遊或處理事務，臨時發生不可預期的緊急傷病或緊急生育情事，必須在當地醫療院

所立即就醫時，須在急診、門診治療當日或出院之日起算六個月內，檢具下列書據，申請核退醫療費用，核退標準則依全民健康保險給付規定核實支付，唯訂有上限，以支付國內醫學中心標準為最高之上限額，並每季公告，每季上限金額請見：健保局首頁〉一般民眾〉自墊醫療費用核退〉在國外或大陸地區自墊醫療費用核退上限。（請向投保單位所屬轄區的分區業務組申請）

• 申請方式：

可由保險對象（法定代理人、法定繼承人）或受委託人向本署轄區分區業務組辦理核退手續，另可親洽本署各分區聯合服務中心或以掛號郵寄方式提出申請，如尚未返國得委託他人代為申請，請出具委託書。

• 申請文件：

須檢附醫療費用核退申請書、醫療費用收據正本及費用明細、診斷書、住院案件需附出院病歷摘要及當次出入境證明等文件。

彭大家族
I♥Okinawa

那霸近郊 沖繩協同病院 導航設定 **098-853-1200** Mapcode 33 098 030*71 急 24小時急診醫院	**北谷恩納** 德洲会病院 **!北中城來客夢對面** 導航設定 **098-932-1110** Mapcode 33 530 503*47 急 24小時急診醫院	**名護近郊** 沖繩県立北部病院 導航設定 **0980-52-2719** Mapcode 206 628 528*22 急 24小時急診醫院
中頭郡中城村 Heart Life Hospital 導航設定 **098-895-3255** Mapcode 33 257 052*11 急 24小時急診醫院	**南部地區** 南部兒童病院 導航設定 **098-888-0123** Mapcode 33 132 032*25 急 幼兒急診 24小時急診醫院	**名護近郊** 北部地区医師会病院 導航設定 **0980-54-1111** 急 24小時急診醫院
那霸市區 赤嶺耳鼻喉科 **!12歲以下不受理** 導航設定 **098-858-5678** 每天：0900~1900 週日：0900~1230 定休日：週四休息、國定假日診 ☑中文 日本人・會說中文的醫生	**那霸市區** 宮城小兒科 導航設定 **098-863-8811** 上午：0930~1200 下午：1400~1800 週六：0930~1200 定休日：周日休診、國定假日休診	**那霸市區** ひろ耳鼻科皮膚科形成外科 導航設定 **098-861-1010** 每天：0900~1200 1430~1800 週六：0900~300 定休日：週日、國定假日休診

看完醫生不要忘記

☑ 全民健康保險自墊醫療費用核退申請書。

☑ 醫療費用收據正本及費用明細。

☑ 如為中、英文以外之文件時，應檢附中文翻譯。

☑ 診斷書或證明文件，如為中、英文以外之文件時，應檢附中文翻譯（住院案件者：另檢附出院病歷摘要）。

☑ 當次出入境證明文件影本或服務機關出具之證明。

相關資訊請見

症狀說明

在藥局想要買藥時 ➔ **薬を買いたいです**

請人幫忙找醫院時 ➔ **病院を探しています**

在醫院掛號看診時 ➔ **受診したいです**

請醫生開診斷書時 ➔ **診断書が欲しいです**

熱がある 發燒	鼻づまり 鼻塞	頭痛 頭痛	寒気がする 發冷
喉が痛い 喉嚨痛	痰が出る 有痰	咳が出る 咳嗽	耳が詰まる 耳朵塞住
下痢 拉肚子	お腹が痛い 肚子痛	血が出る 流血	吐いた 吐了
ぶつかった 撞到	ケガをした 受傷	転んだ 摔倒	火傷した 燙傷
かぶれた 起疹子	虫に刺された 被蟲咬	痺れた 麻麻的	痛みがある 感到疼痛

TAXI

司機先生 請帶我去 ＿＿＿＿。

➔ ＿＿＿＿ に行きたいです。

五、颱風天取消行程

如果發現有颱風可能影響沖繩，請隨時注意航空公司官網或打客服確認，我們以一個實際例子來說明。本次情況是在七月時遇到颱風，本來從臺灣出發，航空公司在起飛的12小時前，在官網公布停飛。

• 處理流程：

• 步驟一：先決定尋找替代航班或取消行程，並索取「航班延遲證明」或「航班取消證明」。要注意，搭乘廉航，如果你有投保旅平險＋不便險，在投保規範下，改搭乘其他替代航班，請勿索取退票（費）證明，因為一旦如此，保險就不會理賠你購買其他航空的機票費用了。

• 步驟二：打給訂房網客服，通知因飛機停飛要取消飯店，客服會通知飯店，原則上都能免費取消，但有的需要出示停飛證明。要注意，請先透過你的訂房網取消相關訂房，大部分都會幫你取消訂房，部分特價商品可能只會讓你變更訂房日期，叫你再找時間出發去使用掉。

• 步驟三：通知保險公司，延期或取消保單，可以進行退費。

• 步驟四：通知接送機取消或改期。

• 步驟五：如果有在沖繩訂車，也要發信或以電話通知，取消訂車或延後取車時間。

六、旅遊日文小教室

【計程車篇】

❤ 請到國際通縣廳前。

国際通り県庁前までお願いします。

❤ 請到國際通牧志車站。

牧志駅までお願いします。

❤ 請到國際通的唐吉訶德。

国際通りのドン・キホーテまでお願いします。

❤ 請到main place。

サンエー那覇メインプレイスまでお願いします。

❤ 請到那霸國內線機場。

那覇空港国内線までお願いします。

❤ 請到那霸國際線機場。

那覇空港国際線までお願いします。

❤ 請到泊港碼頭。

泊港までお願いします。

❤ 請到波上宮。

波上宮までお願いします。

❤ 請到奧特萊斯outlet。

あしびなーアウトレットまでお願いします。

❤ 請到北谷美國村。

アメリカンビレッジまでお願いします。

♥ 請到永中城永旺來客夢。

> ライカムまでお願いします。

♥ 請到小祿站。

> モノレール小祿駅までお願いします。

♥ 請到若狹碼頭。（市區碼頭—郵輪專用，請確認自己的郵輪停靠點）

> 若狹港までお願いします。

♥ 請到中城港。（中部碼頭—郵輪專用，請確認自己的郵輪停靠點）

> 中城湾港までお願いします。

【退稅篇】

♥ 請問可以退稅嗎？

> 免税できますか？

♥ 請問可以幫我分開包裝嗎？

> 別々に包装してもらえますか？

♥ 請問退稅櫃台在哪裡？

> 免税カウンターはどこにありますか？

♥ 請幫我退稅。

> 免税でお願いします。

【協助篇】

❤ 請問附近有醫院嗎？

近くに病院はありますか？

❤ 哪裡有遺失物寄存處？

落とし物預かり所はどこにありますか？

❤ 我發生車禍事故了，可以請你幫忙報警嗎？

車で事故を起こしてしまったのです。警察を呼んでもらえますか？

❤ 有會説中文的人可以幫我嗎？

中国語の通じる人に協力してもらえませんか？

【飯店篇】

❤ 房門打不開。

ドアが開けられないです。

❤ 房間沒有熱水。

部屋のお湯が出ません。

❤ 房間鑰匙掉了。

部屋の鍵を落としてしまいました。

❤ 房間沒有吹風機。

ドライヤーは付いてないです。

❤ 房間的空調好像壞了。

エアコンが壊れたようです。

❤ 馬桶好像壞了。

便座が壊れたようです。

♥ 淋浴沒有熱水。

シャワーのお湯が出ません。

♥ 廁所有點狀況。

トイレの調子が悪いです。

♥ 廁所無法沖水。

トイレが流れません。

♥ 浴室／淋浴間排水孔阻塞。

お風呂／シャワーの排水溝が詰まっています。

♥ 燈泡壞掉。

電球が切れています。

♥ 窗戶打不開。

窓が開きません。

♥ 空調不會動。

空調が動きません。

♥ 空調／冷氣不會動。

空調／エアコンが動いていないようです。

♥ 吹風機不會動。

ドライヤーが動きません。

♥ 電視不能看。

テレビが映りません。

●敘述上列狀況之後，請加這一句：

可以麻煩前來查看嗎？

見に来てもらえますか？

♥ 沒有肥皂／洗髮精。

石けん／シャンプーがありません。

♥ 房內沒有毛巾。

部屋にタオルがありません。

♥ 房內沒有吹風機。

部屋にドライヤーがありません。

♥ 房內沒有水杯。

部屋にカップがありません。

●敘述上列狀況之後，請加這一句：

可以麻煩幫我送來嗎？

持ってきてもらえますか？

♥ 請問Check in之前，可以寄放行李嗎？

チェックイン時間まで、荷物を預かって頂けますか？

♥ 請問離境之前可以寄放行李嗎？（指當天Check in後的寄放）

出発まで荷物を預かって頂けますか?

♥ 我3天後會再回來這裡，可以寄放行李到那時候嗎？（退房後的過夜寄放）

また3日後に戻ってくるのですが、それまで荷物を預かって頂けますか？

♥ 我想領取行李。這是寄放券。

荷物を受け取りたいのですが。こちらが預かり券です。

用你的愛心，
換社團貼紙，
帶著好運出發吧！

▼圖為小額愛心捐款
換貼紙表單
2015年~2019年4月
登記之統計金額。

有你真好

從２０１５年９月創社團到現在，
一開始別人眼中為不足道的小額捐款，
沒有變過的堅持，
１，０００多個日子裡，累積的不記名小額愛心捐款，
已經超過新台幣１６０萬元，
這是一個令人感到驕傲的數字、
這是一種令人感到激動的累積。

雖然沒有證明的文件、雖然沒有任何感謝狀，
但相信這一些默默付出、內心充滿愛的朋友們，
在你們每個人的心中，
已經深深的烙下暖暖的印記，
就像我們愛上的沖繩藍一樣，讓人感動、令人微笑。

相信我們小小的力量，
一定將會讓這個世界變得更美好。
莫忘初衷，堅持做對的事！

在沖繩，風是涼的，人是笑的，心是寬的，
每一刻、每一處都有驚喜。
我們的社團，就跟你知道的沖繩一樣，
那麼友善，那麼清澈。
We are all the same ,fall in love with Okinawa.......

愛心貼紙捐款金額

單位/新台幣

捐款年度	捐出金額	備註
104 年度	36,036	—
105 年度	252,752	—
106 年度	479,167	—
107 年度	754,940	—
108 年度	93,004	結算至4月
總捐出金額	1,615,899	

愛心物資捐款

位/新台幣

捐款年度	捐出金額	備註
104 年度	—	—
105 年度	168,744	—
106 年度	421,193	—
107 年度	94,880	結算至4月
108 年度	684,817	
總捐出金額		

彭大
沖繩救援家族
Okinawa

Fall in LOVE with Okinawa
Fall in LOVE with Okinawa

北部水族館參考地圖　　·美食　·景點　·其他（超市、購物中心、休息站等等）

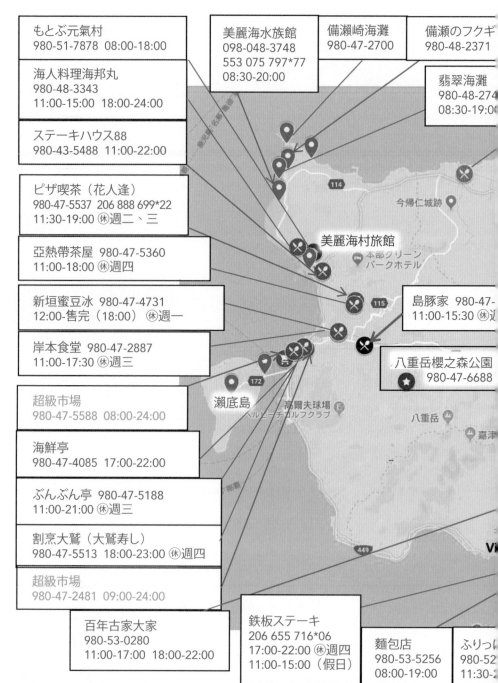

もとぶ元氣村
980-51-7878 08:00-18:00

海人料理海邦丸
980-48-3343
11:00-15:00　18:00-24:00

ステーキハウス88
980-43-5488　11:00-22:00

ピザ喫茶（花人逢）
980-47-5537 206 888 699*22
11:30-19:00 （休）週二、三

亞熱帶茶屋　980-47-5360
11:00-18:00 （休）週四

新垣蜜豆冰　980-47-4731
12:00-售完（18:00）（休）週一

岸本食堂　980-47-2887
11:00-17:30 （休）週三

超級市場
980-47-5588　08:00-24:00

海鮮亭
980-47-4085　17:00-22:00

ぶんぶん亭　980-47-5188
11:00-21:00 （休）週三

割烹大鷲（大鷲寿し）
980-47-5513 18:00-23:00 （休）週四

超級市場
980-47-2481　09:00-24:00

百年古家大家
980-53-0280
11:00-17:00　18:00-22:00

美麗海水族館
098-048-3748
553 075 797*77
08:30-20:00

備瀬崎海灘
980-47-2700

備瀬のフクギ
980-48-2371

翡翠海灘
980-48-274
08:30-19:00

島豚家　980-47-
11:00-15:30 （休）辻

八重岳櫻之森公園
★　980-47-6688

鉄板ステーキ
206 655 716*06
17:00-22:00 （休）週四
11:00-15:00（假日）

麵包店
980-53-5256
08:00-19:00

ふりっ
980-52
11:30-

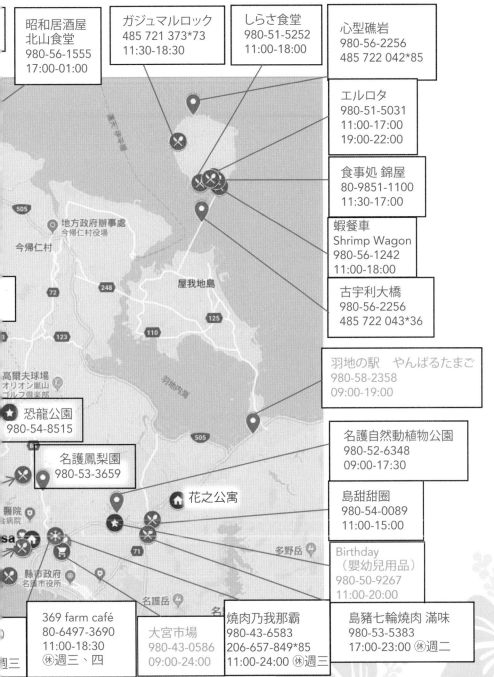

昭和居酒屋
北山食堂
980-56-1555
17:00-01:00

ガジュマルロック
485 721 373*73
11:30-18:30

しらさ食堂
980-51-5252
11:00-18:00

心型礁岩
980-56-2256
485 722 042*85

エルロタ
980-51-5031
11:00-17:00
19:00-22:00

食事処 錦屋
80-9851-1100
11:30-17:00

蝦餐車
Shrimp Wagon
980-56-1242
11:00-18:00

古宇利大橋
980-56-2256
485 722 043*36

羽地の駅　やんばるたまご
980-58-2358
09:00-19:00

名護自然動植物公園
980-52-6348
09:00-17:30

島甜甜圈
980-54-0089
11:00-15:00

Birthday
（嬰幼兒用品）
980-50-9267
11:00-20:00

恐龍公園
980-54-8515

名護鳳梨園
980-53-3659

花之公寓

505

72

248

125

110

123

505

71

地方政府辦事處
今帰仁村役場

今帰仁村

屋我地島

羽地内海

高爾夫球場
オリオン嵐山
ゴルフ倶楽部

多野岳

醫院
金病院

縣市政府
名護市役所

名護岳

369 farm café
80-6497-3690
11:00-18:30
㉠週三、四

大宮市場
980-43-0586
09:00-24:00

燒肉乃我那霸
980-43-6583
206-657-849*85
11:00-24:00 ㉠週三

島豬七輪燒肉 滿味
980-53-5383
17:00-23:00 ㉠週二

週三

北部恩納參考地圖

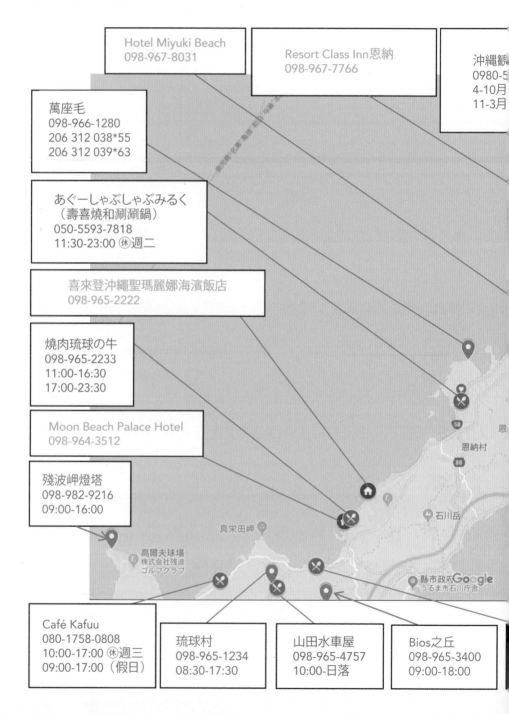

Hotel Miyuki Beach
098-967-8031

Resort Class Inn恩納
098-967-7766

沖繩観
0980-5
4-10月
11-3月

萬座毛
098-966-1280
206 312 038*55
206 312 039*63

あぐーしゃぶしゃぶみるく
（壽喜燒和涮涮鍋）
050-5593-7818
11:30-23:00 ㈲週二

喜來登沖繩聖瑪麗娜海濱飯店
098-965-2222

燒肉琉球の牛
098-965-2233
11:00-16:30
17:00-23:30

Moon Beach Palace Hotel
098-964-3512

殘波岬燈塔
098-982-9216
09:00-16:00

恩納村

石川岳

真栄田岬

高爾夫球場
株式会社残波
ゴルフクラブ

縣市政府
うるま市石川庁舎

Café Kafuu
080-1758-0808
10:00-17:00 ㈲週三
09:00-17:00 （假日）

琉球村
098-965-1234
08:30-17:30

山田水車屋
098-965-4757
10:00-日落

Bios之丘
098-965-3400
09:00-18:00

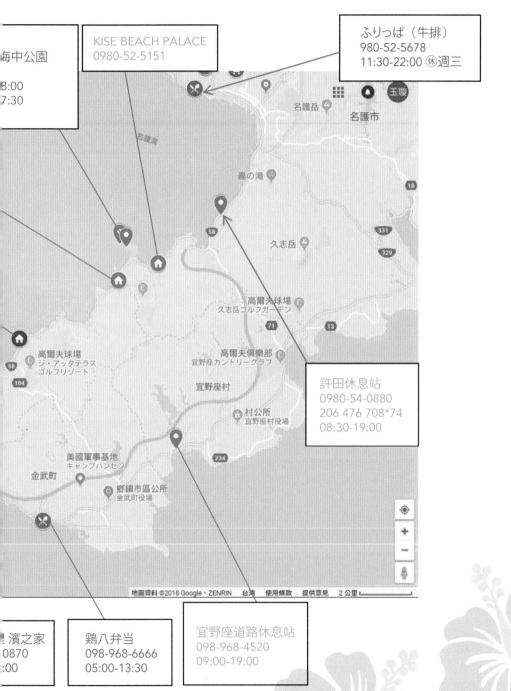

海中公園

8:00
7:30

KISE BEACH PALACE
0980-52-5151

ふりっぱ（牛排）
980-52-5678
11:30-22:00 ㊡週三

名護岳

名護市

轟の滝

久志岳

高爾夫球場
久志岳ゴルフガーデン

高爾夫球場
ジ・アッタテラス
ゴルフリゾート

高爾夫俱樂部
宜野座カントリークラブ

宜野座村

村公所
宜野座村役場

許田休息站
0980-54-0880
206 476 708*74
08:30-19:00

美國軍事基地
キャンプハンセン

金武町

鄉鎮市區公所
金武町役場

濱之家
0870
:00

鶏八弁当
098-968-6666
05:00-13:30

宜野座道路休息站
098-968-4520
09:00-19:00

地圖資料 ©2018 Google、ZENRIN　台灣　使用條款　提供意見　2 公里

中部讀谷村參考地圖

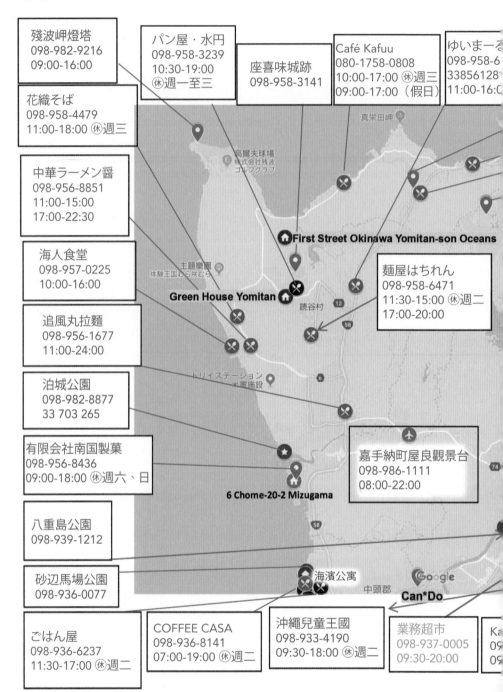

殘波岬燈塔
098-982-9216
09:00-16:00

花織そば
098-958-4479
11:00-18:00 ㊡週三

中華ラーメン醤
098-956-8851
11:00-15:00
17:00-22:30

海人食堂
098-957-0225
10:00-16:00

追風丸拉麵
098-956-1677
11:00-24:00

泊城公園
098-982-8877
33 703 265

有限会社南国製菓
098-956-8436
09:00-18:00 ㊡週六、日

八重島公園
098-939-1212

砂辺馬場公園
098-936-0077

ごはん屋
098-936-6237
11:30-17:00 ㊡週二

パン屋‧水円
098-958-3239
10:30-19:00
㊡週一至三

座喜味城跡
098-958-3141

Café Kafuu
080-1758-0808
10:00-17:00 ㊡週三
09:00-17:00（假日）

ゆいまーる
098-958-6
33856128
11:00-16:0

麵屋はちれん
098-958-6471
11:30-15:00 ㊡週二
17:00-20:00

嘉手納町屋良觀景台
098-986-1111
08:00-22:00

COFFEE CASA
098-936-8141
07:00-19:00 ㊡週二

沖繩兒童王國
098-933-4190
09:30-18:00 ㊡週二

業務超市
098-937-0005
09:30-20:00

Ka
09
09

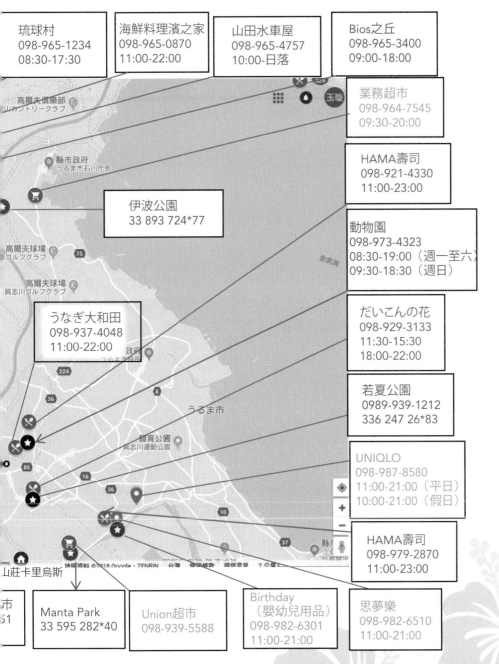

琉球村
098-965-1234
08:30-17:30

海鮮料理濱之家
098-965-0870
11:00-22:00

山田水車屋
098-965-4757
10:00-日落

Bios之丘
098-965-3400
09:00-18:00

業務超市
098-964-7545
09:30-20:00

HAMA壽司
098-921-4330
11:00-23:00

伊波公園
33 893 724*77

動物園
098-973-4323
08:30-19:00（週一至六）
09:30-18:30（週日）

うなぎ大和田
098-937-4048
11:00-22:00

だいこんの花
098-929-3133
11:30-15:30
18:00-22:00

若夏公園
0989-939-1212
336 247 26*83

UNIQLO
098-987-8580
11:00-21:00（平日）
10:00-21:00（假日）

HAMA壽司
098-979-2870
11:00-23:00

Manta Park
33 595 282*40

Union超市
098-939-5588

Birthday
（嬰幼兒用品）
098-982-6301
11:00-21:00

思夢樂
098-982-6510
11:00-21:00

以上資訊由Google地圖、團友玉璇提供。詳細資訊請以店家公告為準。

中部美國村參考地圖

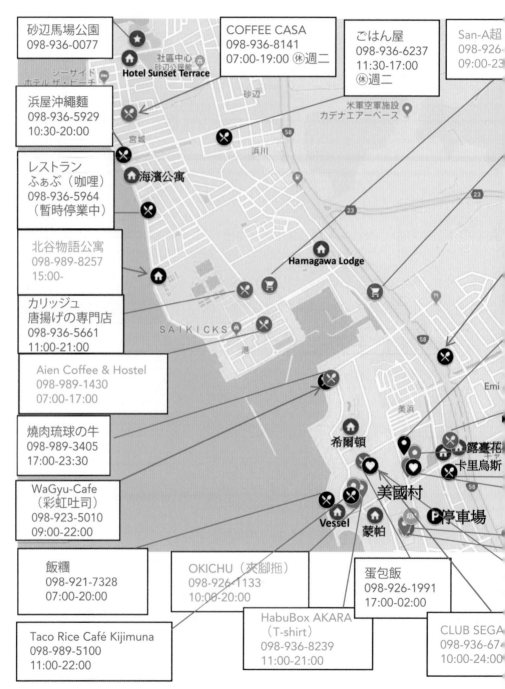

砂辺馬場公園
098-936-0077

COFFEE CASA
098-936-8141
07:00-19:00 ㈭週二

ごはん屋
098-936-6237
11:30-17:00
㈭週二

San-A超
098-926-
09:00-23

Hotel Sunset Terrace

浜屋沖繩麵
098-936-5929
10:30-20:00

レストラン
ふぁぶ（咖哩）
098-936-5964
（暫時停業中）

海濱公寓

Hamagawa Lodge

北谷物語公寓
098-989-8257
15:00-

カリッジュ
唐揚げの専門店
098-936-5661
11:00-21:00

SAIKICKS

Aien Coffee & Hostel
098-989-1430
07:00-17:00

燒肉琉球の牛
098-989-3405
17:00-23:30

希爾頓

露臺花
卡里烏斯

WaGyu-Cafe
（彩虹吐司）
098-923-5010
09:00-22:00

美國村

停車場

Vessel

蒙帕

飯糰
098-921-7328
07:00-20:00

OKICHU（夾腳拖）
098-926-1133
10:00-20:00

蛋包飯
098-926-1991
17:00-02:00

Taco Rice Café Kijimuna
098-989-5100
11:00-22:00

HabuBox AKARA
（T-shirt）
098-936-8239
11:00-21:00

CLUB SEGA
098-936-67
10:00-24:00

Town Plaza
Kanehide超市
098-936-7644
09:00-24:00

HAMA壽司
098-982-7331
11:00-23:00

Seria百元商店
098-936-1420
10:00-22:00

Can*Do

Union超市
098-936-1238
24小時

グルメ迴轉壽司
098-926-3222
11:00-23:00

桃原公園
33 558 227
33 558 136*27
08:30-22:00

冰淇淋
098-926-4910
11:00-23:00

味自慢（壽司）
098-926-3111
17:00-02:00

大國藥妝
098-921-7050
098-921-7060
09:00-23:00

Plus Heart
（雜貨）
098-982-7578

AEON超市
098-982-7575
07:00-24:00

風丸拉麵·北谷店
3-926-0027
30-24:00

以上資訊由Google地圖、團友玉璇提供。詳細資訊請以店家公告為準。

中部來客夢參考地圖

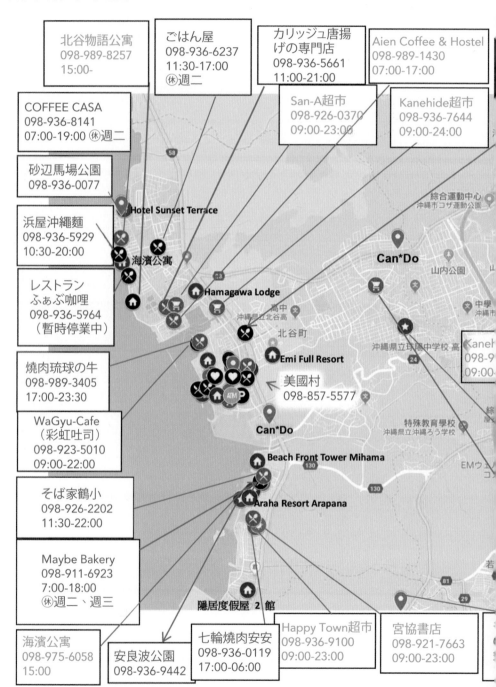

北谷物語公寓
098-989-8257
15:00-

ごはん屋
098-936-6237
11:30-17:00
㊡週二

カリッジュ唐揚
げの専門店
098-936-5661
11:00-21:00

Aien Coffee & Hostel
098-989-1430
07:00-17:00

COFFEE CASA
098-936-8141
07:00-19:00 ㊡週二

San-A超市
098-926-0370
09:00-23:00

Kanehide超市
098-936-7644
09:00-24:00

砂辺馬場公園
098-936-0077

浜屋沖繩麵
098-936-5929
10:30-20:00

レストラン
ふぁぶ咖哩
098-936-5964
（暫時停業中）

燒肉琉球の牛
098-989-3405
17:00-23:30

WaGyu-Cafe
（彩虹吐司）
098-923-5010
09:00-22:00

そば家鶴小
098-926-2202
11:30-22:00

Maybe Bakery
098-911-6923
7:00-18:00
㊡週二、週三

海濱公寓
098-975-6058
15:00

安良波公園
098-936-9442

七輪燒肉安安
098-936-0119
17:00-06:00

Happy Town超市
098-936-9100
09:00-23:00

宮協書店
098-921-7663
09:00-23:00

Hotel Sunset Terrace

海濱公寓

Hamagawa Lodge

Emi Full Resort

美國村
098-857-5577

Can*Do

Beach Front Tower Mihama

Araha Resort Arapana

Can*Do

隱居度假屋 2 館

綜合運動中心
沖繩市コザ運動公園

Kaneh
098-9
09:00

特殊教育學校
沖繩縣立沖繩ろう学校

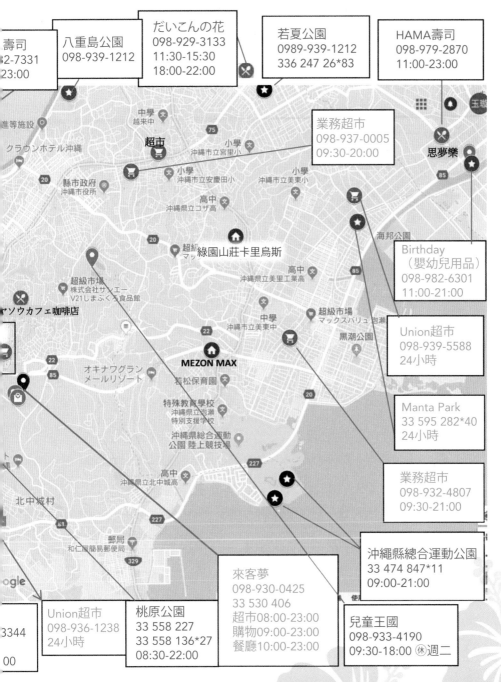

壽司
2-7331
23:00

八重島公園
098-939-1212

だいこんの花
098-929-3133
11:30-15:30
18:00-22:00

若夏公園
0989-939-1212
336 247 26*83

HAMA壽司
098-979-2870
11:00-23:00

業務超市
098-937-0005
09:30-20:00

思夢樂

Birthday
（嬰幼兒用品）
098-982-6301
11:00-21:00

Union超市
098-939-5588
24小時

Manta Park
33 595 282*40
24小時

業務超市
098-932-4807
09:30-21:00

沖繩縣總合運動公園
33 474 847*11
09:00-21:00

兒童王國
098-933-4190
09:30-18:00 ㊡週二

來客夢
098-930-0425
33 530 406
超市08:00-23:00
購物09:00-23:00
餐廳10:00-23:00

桃原公園
33 558 227
33 558 136*27
08:30-22:00

Union超市
098-936-1238
24小時

3344

00

以上資訊由Google地圖、團友玉璇提供。詳細資訊請以店家公告為準。

宜野灣參考地圖

Union超市
098-898-5400
24小時

Round 1
098-870-2110
10:00-06:00

えいと食堂
098-890-0577
10:30-19:00

浦添大公園
33 312 045 遊樂場
33 312 008 瞭望台
09:00-21:00

驚安殿堂
098-942
10:00-0

海鮮食堂 太陽
098-875-7744
11:00-16:00 ㊡週一

雞湯拉麵屋
098-879-7517
09:00-17:00 ㊡週一

oHacorte
水果塔專門店
098-875-2129
11:30-19:00

Birthday
（嬰幼兒用品）
098-942-6111
11:00-21:00

海炎祭

拉古納

月亮海酒店

トミ家工房
098-875-5555
10:00-19:00 ㊡週日

百元麵包 &
Can*Do
098-879-4111

燒肉牛
098-89
17:00-

KOJIMA x
Bic Camera
+81 98-941-3001
10:00-22:00

Te Da Ko 沖繩麵
098-875-5952
11:00-20:00 ㊡週一

浦添市

HM

だいこんの花
+81 98-861-8889
11:30-16:00
18:00-22:30

業務超市
098-879-7339
09:30-21:30

思夢樂
098-917-0867
11:00-21:00

HM

HM

HM

HM

泊港漁市場
098-868-1096
06:00-18:00

スシロー壽司
098-860-8836
11:00-23:00（平）
10:30-23:00（假）

目利きの銀次
098-863-3442
17:00-01:00

カリッジ
唐揚げの專門店
098-868-8730
11:00-21:00

濱壽司
098-882-1666
11:00-23:00

沖繩 彭大家族自助錦囊・新手篇【暢銷增訂版】

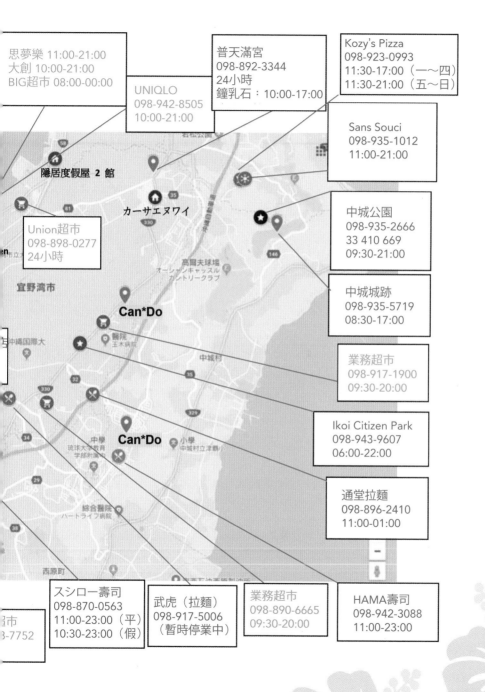

思夢樂 11:00-21:00
大創 10:00-21:00
BIG超市 08:00-00:00

UNIQLO
098-942-8505
10:00-21:00

普天滿宮
098-892-3344
24小時
鐘乳石：10:00-17:00

Kozy's Pizza
098-923-0993
11:30-17:00（一～四）
11:30-21:00（五～日）

Sans Souci
098-935-1012
11:00-21:00

隱居度假屋 2 館

カーサエヌワイ

Union超市
098-898-0277
24小時

中城公園
098-935-2666
33 410 669
09:30-21:00

中城城跡
098-935-5719
08:30-17:00

Can*Do

業務超市
098-917-1900
09:30-20:00

Ikoi Citizen Park
098-943-9607
06:00-22:00

Can*Do

通堂拉麵
098-896-2410
11:00-01:00

スシロー壽司
098-870-0563
11:00-23:00（平）
10:30-23:00（假）

武虎（拉麵）
098-917-5006
（暫時停業中）

業務超市
098-890-6665
09:30-20:00

HAMA壽司
098-942-3088
11:00-23:00

超市
3-7752

以上資訊由Google地圖、團友玉璇提供。詳細資訊請以店家公告為準。

國際通參考地圖

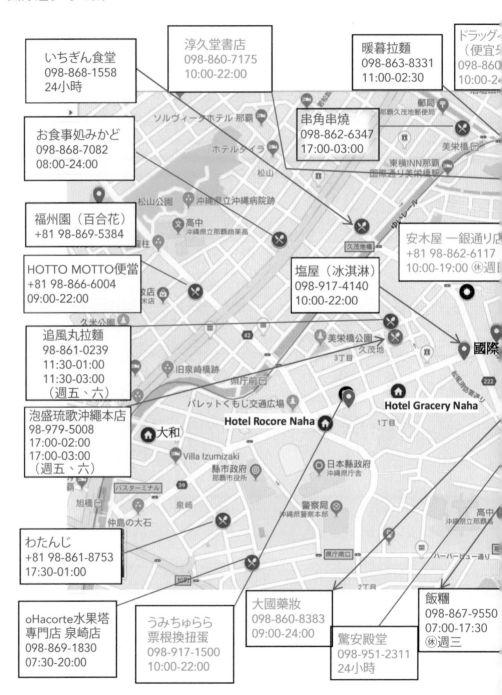

いちぎん食堂
098-868-1558
24小時

淳久堂書店
098-860-7175
10:00-22:00

暖暮拉麵
098-863-8331
11:00-02:30

ドラッグ
（便宜
098-860
10:00-2

お食事処みかど
098-868-7082
08:00-24:00

串角串燒
098-862-6347
17:00-03:00

福州園（百合花）
+81 98-869-5384

塩屋（冰淇淋）
098-917-4140
10:00-22:00

安木屋 一銀通り店
+81 98-862-6117
10:00-19:00 ㊡週[

HOTTO MOTTO便當
+81 98-866-6004
09:00-22:00

追風丸拉麵
98-861-0239
11:30-01:00
11:30-03:00
（週五、六）

泡盛琉歌沖繩本店
98-979-5008
17:00-02:00
17:00-03:00
（週五、六）

わたんじ
+81 98-861-8753
17:30-01:00

oHacorte水果塔
專門店 泉崎店
098-869-1830
07:30-20:00

うみちゅらら
票根換扭蛋
098-917-1500
10:00-22:00

大國藥妝
098-860-8383
09:00-24:00

驚安殿堂
098-951-2311
24小時

飯糰
098-867-9550
07:00-17:30
㊡週三

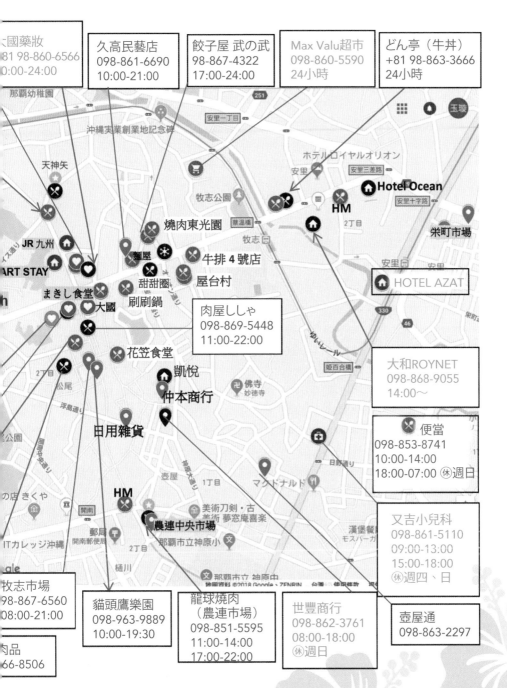

大國藥妝
81 98-860-6566
0:00-24:00

久高民藝店
098-861-6690
10:00-21:00

餃子屋 武の武
98-867-4322
17:00-24:00

Max Valu超市
098-860-5590
24小時

どん亭（牛丼）
+81 98-863-3666
24小時

Hotel Ocean

HOTEL AZAT

肉屋ししゃ
098-869-5448
11:00-22:00

大和ROYNET
098-868-9055
14:00～

便當
098-853-8741
10:00-14:00
18:00-07:00 ㊡週日

又吉小兒科
098-861-5110
09:00-13:00
15:00-18:00
㊡週四、日

牧志市場
98-867-6560
08:00-21:00

貓頭鷹樂園
098-963-9889
10:00-19:30

龍球燒肉
（農連市場）
098-851-5595
11:00-14:00
17:00-22:00

世豐商行
098-862-3761
08:00-18:00
㊡週日

壺屋通
098-863-2297

品
66-8506

燒肉東光園
麵屋
牛排4號店
甜甜圈
屋台村
まきし食堂
大國
刷刷鍋
花笠食堂
凱悅
仲本商行
日用雜貨
HM

市區周圍參考地圖

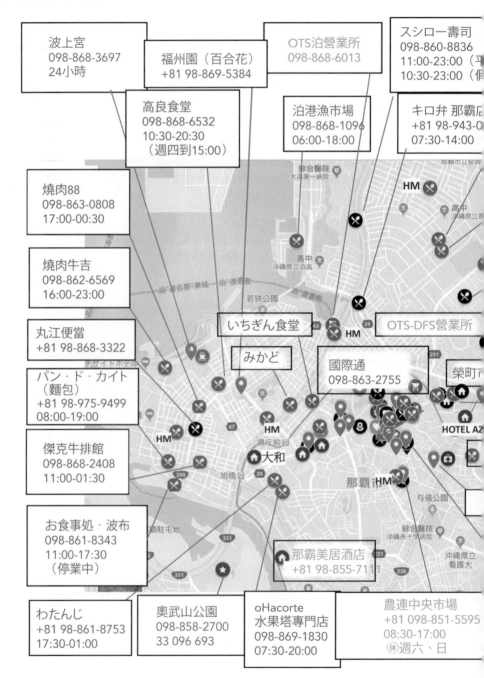

波上宮
098-868-3697
24小時

福州園（百合花）
+81 98-869-5384

OTS泊營業所
098-868-6013

スシロー壽司
098-860-8836
11:00-23:00（平
10:30-23:00（休

高良食堂
098-868-6532
10:30-20:30
（週四到15:00）

泊港漁市場
098-868-1096
06:00-18:00

キロ弁 那霸店
+81 98-943-0
07:30-14:00

燒肉88
098-863-0808
17:00-00:30

燒肉牛吉
098-862-6569
16:00-23:00

丸江便當
+81 98-868-3322

いちぎん食堂

みかど

OTS-DFS營業所

パン・ド・カイト
（麵包）
+81 98-975-9499
08:00-19:00

國際通
098-863-2755

榮町市

傑克牛排館
098-868-2408
11:00-01:30

HOTEL AZ

お食事処・波布
098-861-8343
11:00-17:30
（停業中）

那霸美居酒店
+81 98-855-7111

わたんじ
+81 98-861-8753
17:30-01:00

奧武山公園
098-858-2700
33 096 693

oHacorte
水果塔專門店
098-869-1830
07:30-20:00

農連中央市場
+81 098-851-5595
08:30-17:00
㊡週六、日

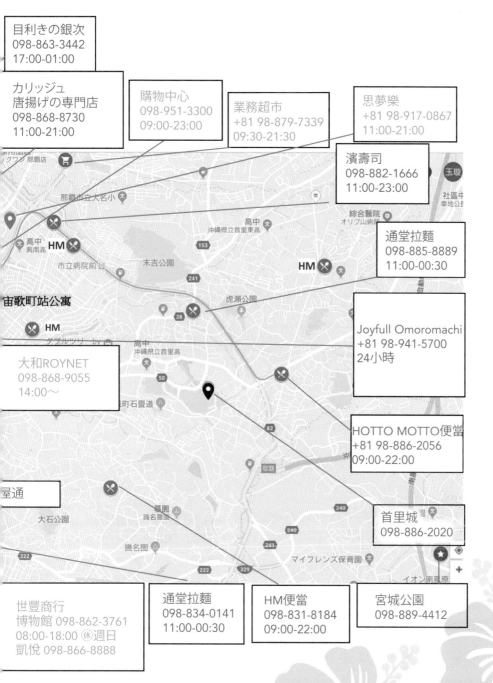

目利きの銀次
098-863-3442
17:00-01:00

カリッジュ
唐揚げの専門店
098-868-8730
11:00-21:00

購物中心
098-951-3300
09:00-23:00

業務超市
+81 98-879-7339
09:30-21:30

思夢樂
+81 98-917-0867
11:00-21:00

濱壽司
098-882-1666
11:00-23:00

通堂拉麵
098-885-8889
11:00-00:30

Joyfull Omoromachi
+81 98-941-5700
24小時

大和ROYNET
098-868-9055
14:00～

HOTTO MOTTO便當
+81 98-886-2056
09:00-22:00

首里城
098-886-2020

世豐商行
博物館 098-862-3761
08:00-18:00 ㈹週日
凱悅 098-866-8888

通堂拉麵
098-834-0141
11:00-00:30

HM便當
098-831-8184
09:00-22:00

宮城公園
098-889-4412

以上資訊由Google地圖、團友玉璇提供。詳細資訊請以店家公告為準。

南部Outlet參考地圖

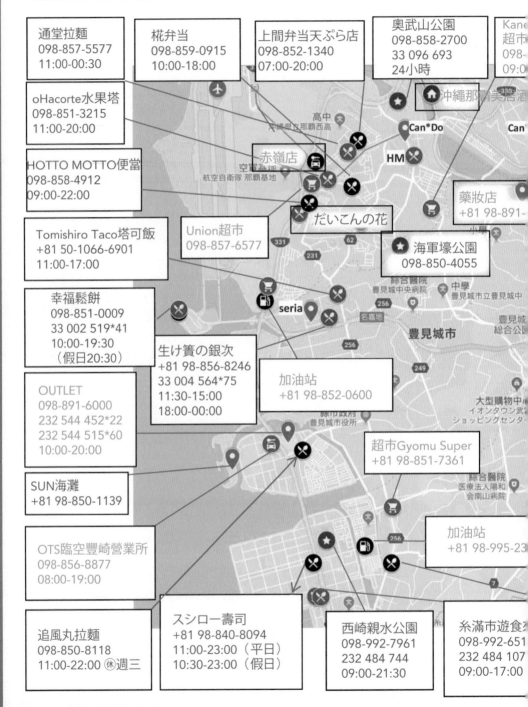

通堂拉麵
098-857-5577
11:00-00:30

椛弁当
098-859-0915
10:00-18:00

上間弁当天ぷら店
098-852-1340
07:00-20:00

奧武山公園
098-858-2700
33 096 693
24小時

Kane
超市
098-
09:0

oHacorte水果塔
098-851-3215
11:00-20:00

沖繩那霸美居酒

Can*Do

Can

HOTTO MOTTO便當
098-858-4912
09:00-22:00

赤嶺店

HM

藥妝店
+81 98-891-

Tomishiro Taco塔可飯
+81 50-1066-6901
11:00-17:00

Union超市
098-857-6577

だいこんの花

海軍壕公園
098-850-4055

幸福鬆餅
098-851-0009
33 002 519*41
10:00-19:30
（假日20:30）

seria

生け簀の銀次
+81 98-856-8246
33 004 564*75
11:30-15:00
18:00-00:00

加油站
+81 98-852-0600

豐見城市

OUTLET
098-891-6000
232 544 452*22
232 544 515*60
10:00-20:00

超市Gyomu Super
+81 98-851-7361

SUN海灘
+81 98-850-1139

加油站
+81 98-995-23

OTS臨空豐崎營業所
098-856-8877
08:00-19:00

追風丸拉麵
098-850-8118
11:00-22:00 ㊡週三

スシロー壽司
+81 98-840-8094
11:00-23:00（平日）
10:30-23:00（假日）

西崎親水公園
098-992-7961
232 484 744
09:00-21:30

糸滿市遊食
098-992-651
232 484 107
09:00-17:00

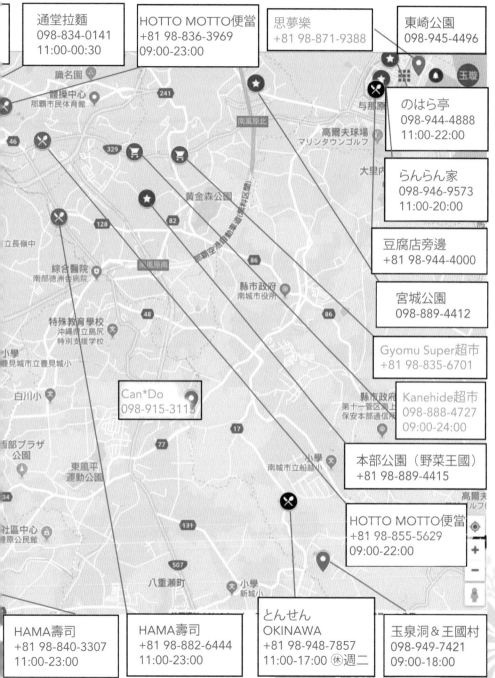

通堂拉麵
098-834-0141
11:00-00:30

HOTTO MOTTO便當
+81 98-836-3969
09:00-23:00

思夢樂
+81 98-871-9388

東崎公園
098-945-4496

のはら亭
098-944-4888
11:00-22:00

らんらん家
098-946-9573
11:00-20:00

豆腐店旁邊
+81 98-944-4000

宮城公園
098-889-4412

Gyomu Super超市
+81 98-835-6701

Kanehide超市
098-888-4727
09:00-24:00

Can*Do
098-915-3115

本部公園（野菜王國）
+81 98-889-4415

HOTTO MOTTO便當
+81 98-855-5629
09:00-22:00

HAMA壽司
+81 98-840-3307
11:00-23:00

HAMA壽司
+81 98-882-6444
11:00-23:00

とんせん
OKINAWA
+81 98-948-7857
11:00-17:00 ㊡週二

玉泉洞＆王國村
098-949-7421
09:00-18:00

以上資訊由Google地圖、團友玉璇提供。詳細資訊請以店家公告為準。

南部玉泉洞參考地圖

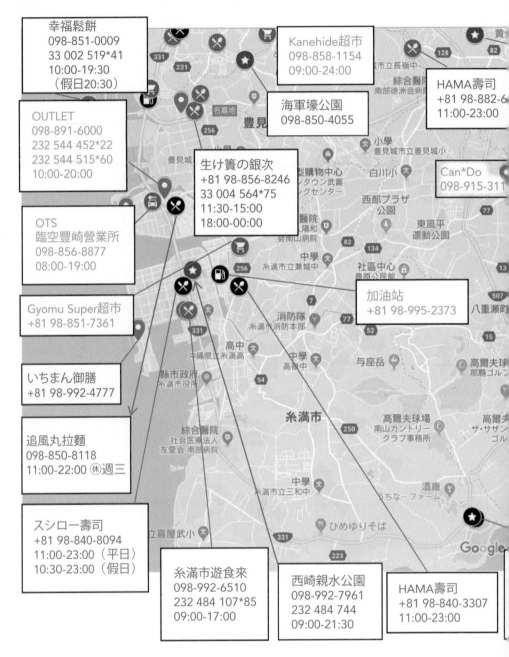

幸福鬆餅
098-851-0009
33 002 519*41
10:00-19:30
（假日20:30）

OUTLET
098-891-6000
232 544 452*22
232 544 515*60
10:00-20:00

OTS
臨空豐崎營業所
098-856-8877
08:00-19:00

Gyomu Super超市
+81 98-851-7361

いちまん御膳
+81 98-992-4777

追風丸拉麵
098-850-8118
11:00-22:00 ㊡週三

スシロー壽司
+81 98-840-8094
11:00-23:00（平日）
10:30-23:00（假日）

Kanehide超市
098-858-1154
09:00-24:00

海軍壕公園
098-850-4055

HAMA壽司
+81 98-882-6

生け簀の銀次
+81 98-856-8246
33 004 564*75
11:30-15:00
18:00-00:00

Can*Do
098-915-311

加油站
+81 98-995-2373

糸滿市遊食來
098-992-6510
232 484 107*85
09:00-17:00

西崎親水公園
098-992-7961
232 484 744
09:00-21:30

HAMA壽司
+81 98-840-3307
11:00-23:00

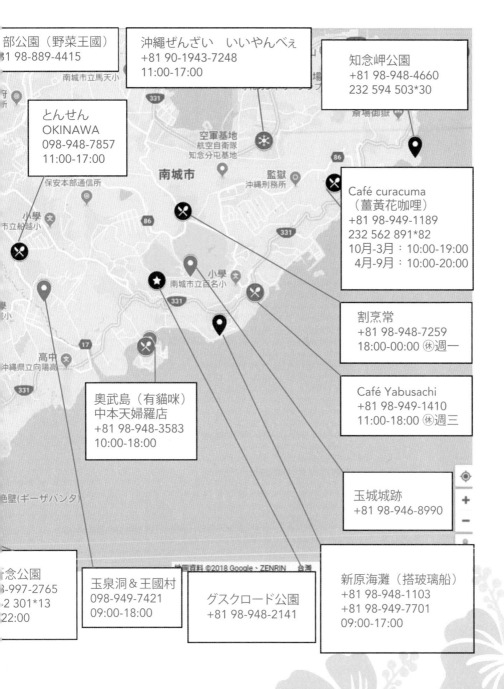

部公園（野菜王國）
31 98-889-4415

とんせん
OKINAWA
098-948-7857
11:00-17:00

沖繩ぜんざい　いいやんべぇ
+81 90-1943-7248
11:00-17:00

知念岬公園
+81 98-948-4660
232 594 503*30

Café curacuma
（薑黃花咖哩）
+81 98-949-1189
232 562 891*82
10月-3月：10:00-19:00
　4月-9月：10:00-20:00

割烹常
+81 98-948-7259
18:00-00:00 ㊡週一

Café Yabusachi
+81 98-949-1410
11:00-18:00 ㊡週三

奧武島（有貓咪）
中本天婦羅店
+81 98-948-3583
10:00-18:00

玉城城跡
+81 98-946-8990

念公園
3-997-2765
-2 301*13
22:00

玉泉洞＆王國村
098-949-7421
09:00-18:00

グスクロード公園
+81 98-948-2141

新原海灘（搭玻璃船）
+81 98-948-1103
+81 98-949-7701
09:00-17:00

以上資訊由Google地圖、團友玉璇提供。詳細資訊請以店家公告為準。

沖繩
彭大家族自助錦囊・新手篇【暢銷增訂版】

旅遊叢書 1010

沖繩彭大家族自助錦囊：新手篇【暢銷增訂版】

作　者—彭國豪、郭聖馨
主　編—林潔欣、林菁菁
編　輯—黃凱怡
企劃主任—葉蘭芳
封面設計—十六設計、李宜芝
內頁排版—游淑萍
地圖提供—Google 地圖
地圖繪製—郭聖馨

董 事 長—趙政岷
出 版 者—時報文化出版企業股份有限公司
一〇八〇三臺北市和平西路三段二四〇號三樓
發行專線—(〇二)二三〇六—六八四二
讀者服務專線—〇八〇〇—二三一—七〇五
(〇二)二三〇四—七一〇三
讀者服務傳真—(〇二)二三〇四—六八五八
郵撥—一九三四四七二四時報文化出版公司
信箱—一〇八九九臺北華江橋郵局第九九信箱
時報悅讀網—http://www.readingtimes.com.tw
法律顧問—理律法律事務所陳長文律師、李念祖律師
印　刷—和楹印刷有限公司
二版一刷—二〇一九年五月十日
二版九刷—二〇二〇年一月二十二日
定　價—新臺幣三六〇元
(缺頁或破損的書，請寄回更換)

時報文化出版公司成立於一九七五年，並於一九九九年股票上櫃公開發行，於二〇〇八年脫離中時集團非屬旺中，以「尊重智慧與創意的文化事業」為信念。

沖繩彭大家族自助錦囊：新手篇【暢銷增訂版】/ 彭國豪，
郭聖馨作 .-- 二版 .-- 臺北市：時報文化, 2019.05
面；公分 .-
ISBN 978-957-13-7780-3（平裝）

1. 自助旅行 2. 日本沖繩縣

731.7889　　　　　　　　　　　108005104

ISBN 978-957-13-7780-3
Printed in Taiwan

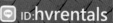

是翻譯機也是WIFI機

WIFI飛譯通

4G上網無限流量吃到飽

WIFI 飛譯通彭大家族優惠碼

日本 **OKASOSTJP**

韓國 **OKASOSTKR**

歐洲漫遊37國
OKASOSTEU

無限流量
不降速

日韓上網WIFI機

日本	OKASOSJP
韓國	OKASOSKR
日本雙機組	OKASOSJPM
韓國雙機組	OKASOSKRM

其他區域

中國	OKASOSCN
新加坡	OKASOSSG
馬來西亞	OKASOSMY
泰國	OKASOSTH
香港	OKASOSHK
澳門	OKASOSMO
印尼	OKASOSBALI
東南亞 8 國	OKASOSSEA
紐西蘭 + 澳洲	OKASOSAN
美 + 加 + 墨	OKASOSACM
歐洲漫遊 37 國	OKASOSEU

 彭大家族 I♥Okinawa ×  ttb 飛買家 TravelToBuy.com

 若有操作上的問題，
請先使用當地WIFI和客服聯繫。

facebook 飛買家

我要租WIFI

電子版
優惠券

 ×

北海道知名連鎖藥妝

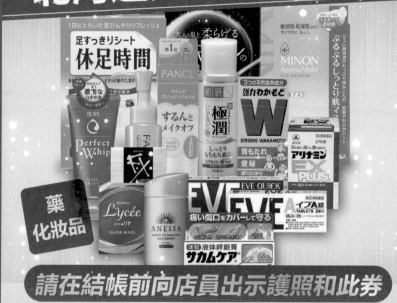

藥
化妝品

請在結帳前向店員出示護照和此券

護照

TAX FREE +5%OFF

注意
事項
· 請在結帳前將本券交遞給店員 結算後無法給予折扣
· 部分商品為特價商品 不適用於本折扣券
· 具體詳情請諮詢店員
· 此折扣券不可同其他優惠券並用

Japan.
Tax-free
Shop

紙本優惠券僅限
沖繩地區
四家門市使用

札幌藥妝 沖繩國際通店
札幌藥妝 沖繩北谷美國村店
札幌藥妝 沖繩Ashibinaa店(OUTLET 2樓)
札幌藥妝 沖繩國際通HOTEL LANTANA店

2 300009 301480

930148

沖繩國際通
HOTEL LANTANA 店

沖繩 Ashibinaa 店

沖繩北谷美國村店

沖繩國際通店

沖繩國際通店
〒 900-0015
沖繩縣那霸市久茂地3丁目3-16
電話：098-860-1331
常規營業時間：10:00 ～ 23:00

沖繩北谷美國村店
〒 904-0115
沖繩縣中頭郡北谷町
美浜 9-17 at's chatan1樓
電話：098-926-1885
常規營業時間：10:00 ～ 23:00

沖繩 Ashibinaa 店
〒 901-0225
沖繩縣豐見城市豐崎 1-188
沖繩Outlet Mall Ashibinaa2樓070區
電話：098-852-2262
常規營業時間：10:00 ～ 20:00

沖繩國際通 HOTEL LANTANA 店
〒 900-0014
沖繩県那霸市松尾 2 丁目 8-1
電話：098-860-1522
營業時間：9:00 ～ 23:00

サツドラ
SAPPORO DRUG STORE
札幌藥粧

X

彭大家族
I Okinawa

電子版優惠券全日本皆可用

青潛 BEST DIVE
OKINAWA

沖繩人氣 NO.1
📍 青之洞窟

使用『全面罩』，可用鼻子呼吸。就算不懂游泳也不用怕。

體驗潛水

全面罩

安心 ❤ 保證全程中文教練

開心 ❤ 體驗美麗沖繩海

耐心 ❤ 小班制 / 耐心指導小朋友 初次接觸海洋

貼心 ❤ 贈送免費水中照片

放心 ❤ 定期完整員工急救訓練 * 日本救難隊隊長指導！

位於沖繩那霸市中心的海底公園

波の上うみそら公園

專為體驗潛水和學習潛水 而建成的水底公園

彭大家族 優惠價

青洞體驗潛水 彭大家族優惠價 ¥8800円	青洞浮潛+體驗潛水 彭大家族優惠價 ¥11500円
青洞浮潛大小同價 彭大家族優惠價 ¥3580円	波之上體驗潛水 彭大家族優惠價 ¥9880円

彭大家族
I ♥ Okinawa

專屬報名連結

不自駕 也方便

郵輪碼頭只需車程 3 分鐘 國際通只需車程 10 分鐘

日本電器藥妝綜合商場

彭大家族
I ♥ Okinawa

×

 BicCamera

網上預留，店內付款提貨　貼心服務

 ▶ ▶
搜索　預留

TAX FREE

10%OFF

再享

7%OFF

照相機、隱形眼鏡、手錶、家電、玩具 等等
※ Apple 等部分商品沒有折扣。

藥妝

5%OFF

藥品、化妝品、食品、日用品 等等

3%OFF

日本清酒 (獺祭、八海山除外)

有效期限至 2020/9/30

① カウント JAN
2 973891 185614

② 自動値引 JAN
2 402230 007947

BicCamera GROUP
店鋪情報

※ 必ず①、②両方をスキャンの上、会計をお願いいたします。

部分商品消費稅為8%。本優惠券僅限於免稅結帳時使用。蘋果產品、勞力士、SIXPAD產品、Nintendo Switch的遊戲主機、及其官方配件和遊戲軟體、日本清酒以外的酒類、Outlet商品、二手商品等可以免稅，但無額外折扣。他牌遊戲主機、食品適用於免稅＋5% OFF折扣。日本清酒 (獺祭、八海山除外) 可享免稅+3%折扣。食品、酒等部分商品的消費稅為8%。酒類商品請務必至酒類專用櫃臺結帳。本優惠券無法與其他的優惠活動、折扣券同時使用。優惠內容會有調整變更之可能，最新訊息請以店鋪優先為主，或向店員洽詢詳細內容。複印無效。

一部商品の消費税は8%です。このクーポンは免税会計時のみ利用可能です。アップル純正品、ロレックス、SIXPAD製品、Nintendo switchの本体、ソフト・純正アクセサリー、一部お酒、アウトレット品、中古品など割引対象外商品があります。その他ゲーム機本体、お菓子は免税＋5%OFFです。日本酒 (獺祭・八海山除く) は免税+3%引です。お菓子とお酒などの消費税は8%です。お酒は酒販レジのみ会計可能です。他のキャンペーン、値引き、クーポンとの併用はできません。キャンペーンは予告なく変更となる場合があります。詳しくは販売員までお尋ねください。コピー不可。

産・品・種・類・豐・富・多・樣

Air BicCamera

🏠 那霸空港店2樓
✂ 07:00~20:30

那霸空港店

那霸店
🏠 沖縄県那霸市安謝 664-5
✂ 10:00~22:00
📍 33 248 330*74

来客夢店
🏠 永旺客夢3樓
✂ 10:00~22:00
📍 33 530 406*45

網路預訂
機場取貨

ⓑ BicCamera **KOJIMA** **Sofmap**

驚安の殿堂
ドン.キホーテ

Mega Don Quijote
名護店
電話：0980-45-0411
營業時間：早上09:00~凌晨03:00
4月~10月早上08:00~凌晨03:00
Mapcode: 206 866 458*63

Don Quijote
宮古島店
電話：0980-75-3011
營業時間：早上08:00~凌晨03:00
Mapcode: 310 426 608*85

Don Quijote
石垣島店
電話：0980-82-0411
營業時間：早上08:00~凌晨02:00
Mapcode: 366 007 359*47

Mega Don Quijote
うるま(泡賴)店
電話：098-982-6911
營業時間：早上09:00~凌晨04:00
Mapcode: 33 628 781*30

Mega Don Quijote
宜野湾店
電話：098-942-9911
營業時間：早上09:00~凌晨05:00
Mapcode: 33 434 024*33

Don Quijote
国際通り店
電話：098-951-2311
營業時間：24小時
Mapcode: 33 157 382*41

隨書附贈

唐吉訶德優惠券
結帳時請記得出示

日本最大級的綜合折扣免稅商店!

從名牌商品到日用品,總類齊全,價格便宜!

全年無休,營業至深夜!

多種語言對應,全國連鎖!

購物,

當然要來日本最有人氣的唐吉訶德!

 Japan. Tax-free Shop

驚安の殿堂
MEGA
ドン.キホーテ

優惠説明

消費達10000日圓(未稅) ➡ 免稅 再折扣 **500**日圓

消費達30000日圓(未稅) ➡ 免稅 再折扣 **2000**日圓

以上消費滿額金額皆為未稅價。※ 此活動可能有變更,請依購買店鋪公告為主。

 ドン.キホーテ

facebook gokujougyu 極上牛燒肉

燒肉 極上牛

彭大套餐

2人套餐

9000円/人

多種彭大套餐，請看專屬預約連結。

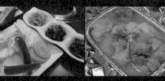 

Mapcode 33 065 782*25

神戶和牛 沙朗牛排、極上五花和牛、一口牛肋五花和牛
石垣和牛 極上五花和牛
本部和牛 極上五花和牛、肋眼里肌肉
金武阿古 豬里肌肉、豬五花肉、豬肉香腸

涼拌小菜拼盤、昆布湯
燒烤蔬菜拼盤、
鋁箔紙包雞肉燒、白飯X2、
BLUE SEAL冰淇淋X2

AEON超市
小祿
往那霸市區方向

GOKUJOUGYU
電話：098-851-4129
營業時間 17：00～22：00

赤嶺
往那霸機場方向

彭大套餐
專屬預約連結

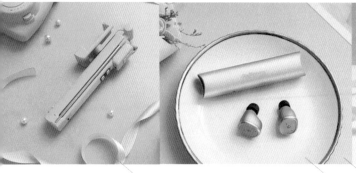

×

團友專屬

出示手機畫面與護照

獨家好禮♥送完為止

活動截止日：2020年6月30日　本活動限定DFS沖繩T廣場使用

跟著彭大去旅行

DFS沖繩T廣場

官網：TGALLERIA.COM　Mapcode：33 188 266*44

GOOGLEMAP　營業時間：09:00~21:00 營業時間會根據季節，店舖有所不同

不定期推出，活動詳情請參閱沖繩彭大家族粉絲專頁

備註：1.相關使用規定請參考沖繩彭大家族社團臉書公告與說明。2.彭大家族保有隨時修改及終止本活動之權利。

沖繩✕麵や偶 - もとなり✕Motonari✕本也

來自沖繩，選用豚骨與背脂，日日熬煮獨家豚骨本味。
沖繩海鹽運用，增添沖繩拉麵原始完整風貌。

註：店家保留當天贈品變動的權益。照片僅供參考。優惠餐點內容，請依現場點餐製作為主。

Mapcode 沖繩地區各分店導航地圖碼

久茂地店 33 156 352*63	銘苅店 33 219 496*25
牧港店 33 341 579*22	名護店 206 627 619*47

使用期限 ✂ 2019年12月31日止

折價券

500円

I Okinawa

拉麵